LEVANTAMENTO DE PESO OLÍMPICO NOS ESPORTES

CB016187

LEVANTAMENTO DE PESO OLÍMPICO NOS ESPORTES

GREG EVERETT

Tradutor: Zé Oliboni
Revisora científica: Mariana Nobre

Phorte
editora
São Paulo, 2015

Rua Rui Barbosa, 408
Bela Vista – São Paulo – SP
CEP: 01326-010
Tel./fax: (11) 3141-1033
Site: www.phorte.com.br
E-mail: phorte@phorte.com.br

CIP-BRASIL. CATALOGAÇÃO NA PUBLICAÇÃO
SINDICATO NACIONAL DOS EDITORES DE LIVROS, RJ

E94L

Everett, Greg
    Levantamento de peso olímpico nos esportes / Greg Everett ; tradução Zé Oliboni, revisor científico Mariana Soares. - 1. ed. - São Paulo : Phorte, 2015.
    128 p. : il. ; 23 cm.

    Tradução de: Olympic weightlifting for sports
    ISBN 978-85-7955-571-1

    1. Levantamento de peso. 2. Treinamento com pesos. I. Título.

15-21964	CDD: 796.41
	CDU: 796.88

ph2378.1

Este livro foi avaliado e aprovado pelo Conselho Editorial da Phorte Editora.
(www.phorte.com.br/conselho_editorial.php)

Impresso no Brasil
Printed in Brazil

SUMÁRIO

7   Introdução

9   Os Fundamentos

17   Avaliação

21   Ensinando Progressões

26   O Agachamento

29   Primeiro tempo do arremesso
em pé em suspensão

40   Primeiro tempo do arremesso em pé

47   Desenvolvimento com arremesso

54   Segundo tempo do arremesso em pé

58   Segundo tempo do arremesso técnico

63   Arranque em pé em suspensão

72   Arranque em pé

78   O arremesso completo e o arranque

84   Arranque

89   Abaixar a barra

93   Elaborando treinos

108   Flexibilidade

INTRODUÇÃO

O propósito deste livro é simples: oferecer aos atletas, técnicos e treinadores uma fonte completa e detalhada para ajudá-los a incorporar o levantamento de peso olímpico e suas variações com segurança e eficiência no treinamento de outros esportes além do levantamento de peso competitivo. A maioria dos livros sobre levantamento de peso é direcionada para atletas desse esporte, incluindo meu próprio livro *Levantamento de peso olímpico: Um guia completo* para atletas e técnicos, deixando a cargo dos atletas e seus técnicos descobrir como modificar e aplicar o conhecimento para objetivos atléticos diferentes de arranques (*snatch*) e arremessos (*clean & jerk*) máximos e com conteúdo com um nível de detalhamento que ultrapassa e muito o necessário para sua aplicação.

Quando se treina para um outro esporte que não seja levantamento de peso, se tem relativamente pouco tempo disponível para se dedicar a aprender ou ensinar os levantamentos, e isso com frequência é um impedimento para o seu uso por técnicos e atletas, assim como a complexidade, percebida ou real, dos levantamentos em si. Além disso, muitos atletas entram em programas que podem vez ou outra incorporar levantamentos sem o preparo adequado em termos de flexibilidade, estabilidade do corpo e padrões motores básicos, deixando técnicos e treinadores cautelosos de expor os atletas aos levantamentos.

Meu objetivo com este livro é oferecer toda a informação de que um técnico ou um atleta precisam para ensinar ou aprender levantamento de peso olímpico ou certas variações tanto com segurança quanto com eficácia, para permiti-los capitalizar ao máximo os benefícios que eles oferecem no que se trata do desenvolvimento da habilidade atlética. As etapas de ensino estão planejadas para maximizar os efeitos e minimizar o tempo investido sem sacrificar a segurança; para manter toda a abordagem tão simples e direta quando possível.

A inclusão do levantamento de peso olímpico ajudará os atletas a desenvolver traços físicos que melhorarão o potencial para a prática de quase todos os esportes. Com a ajuda deste livro, espero que técnicos e atletas sintam confiança o suficiente para fazer proveito dos levantamentos e levar seus programas de treinamento para um nível superior.

Como usar este livro

Este livro está dividido em tópicos organizados para ajudar o leitor a aprender os elementos necessários em uma ordem lógica. Os primeiros capítulos oferecem um entendimento dos mecanismos dos levantamentos básicos e considerações para assegurar que os atletas estejam apropriadamente preparados para executar um levantamento de peso olímpico. Em seguida, estão as etapas de ensino para o levantamento olímpico e as variações mais úteis na ordem recomendada de aprendizado e implementação. Por fim, uma breve discussão da estrutura do programa e um capítulo sobre melhoria da flexibilidade especificamente para a execução segura e eficiente do levantamento olímpico.

Durante as etapas de ensino dos levantamentos, existem painéis com resumos que oferecem descrições simples e concisas das posições ou treinos relacionados. Eles podem ser usados como lembretes rápidos enquanto se aprende ou ensina, ou podem ser usados inicialmente para simplificar o máximo possível o lugar do texto mais completo. Entretanto, é recomendado que o texto completo seja eventualmente lido e compreendido, uma vez que acrescentará detalhes importantes ao básico apresentado nos painéis de resumos.

OS FUNDAMENTOS

Glossário

A inconsistência das terminologias referente ao levantamento de peso olímpico dentro da comunidade atlética provavelmente é atribuída à obscuridade do esporte e a mínima interação entre treinadores e atletas do levantamento de peso com os de outros esportes. Ser capaz de se comunicar com clareza é essencial para que treinadores sejam capazes de compartilhar informações e aprender uns com os outros. A seguir estão explicações rápidas de movimentos clássicos e as principais variações ou exercícios auxiliares.

Arranque (ou Arranco) (*snatch*, em inglês) O arranque é a primeira das duas provas da competição de levantamento de peso olímpico. O atleta levanta a barra do chão até acima da cabeça em um único movimento. O termo *arranque* sem nenhum complemento deixa implícito um agachamento completo na posição inferior.

Arremesso (*clean & jerk*, em inglês) O arremesso é a segunda das duas provas da competição de levantamento olímpico. O atleta levanta a barra do chão até os ombros no primeiro tempo do arremesso e depois dos ombros até acima da cabeça no segundo tempo do arremesso. Os movimentos curtos e as posições mais favoráveis permitem ao atleta levantar mais peso no arremesso do que no arranque.

Primeiro tempo do arremesso (*clean*, em inglês) No primeiro tempo do arremesso, o atleta levanta a barra do chão até os ombros. O termo *primeiro tempo do arremesso* sem nenhum complemento deixa implícito um agachamento completo na posição inferior.

Segundo tempo do arremesso (*jerk*, em inglês) Existem três variações do segundo tempo do arremesso: arremesso técnico, arremesso em pé, arremesso em força. No segundo tempo do arremesso, o atleta levanta a barra dos ombros até acima da cabeça. O termo *segundo tempo do arremesso* sem nenhum complemento deixa implícito o estilo escolhido pelo atleta: para o halterofilista, isso geralmente significará arremesso técnico; para outros atletas, pode significar um arremesso em pé ou arremesso em força.

Segundo tempo do arremesso técnico (*split jerk*, em inglês) É a variação mais comum de arremesso para halterofilistas. O atleta inicia o segundo tempo do arremesso com os pés em posição de "tesoura".

Segundo tempo do arremesso em pé (*power/push jerk*, em inglês) O segundo tempo do arremesso em pé é um segundo tempo do arremesso iniciado com os pés em uma posição de agachamento e o atleta em posição de meio agachamento (existem dois tipos de arremessos em pé: em um (*power*), os pés se movem; no outro (*push*), eles não saem do chão).

Agachamento com o segundo tempo do arremesso (*squat jerk*, em inglês) O arremesso em força é a variação menos comum. O atleta inicia o segundo tempo do arremesso em uma posição de agachamento completo.

Arranque em pé (*power snatch*, em inglês) O arranque em pé é um arranque iniciado no chão, mas que atinge a posição acima da cabeça em uma postura de meio agachamento com uma flexão de joelhos paralela ao chão, acima do agachamento completo.

Primeiro tempo do arremesso em pé (*power clean*, em inglês) O primeiro tempo do arremesso em pé é iniciado no chão, mas chega nos ombros em uma posição de meio agachamento com uma flexão de joelhos paralela ao chão, acima do agachamento completo.

Arranque em suspensão (*hang snatch*, em inglês) O arranque em suspensão é um arranque iniciado com a barra em qualquer posição acima do chão e recebida em postura de agachamento completo. O ponto mais comum para o início da suspensão é com a barra um pouco acima dos joelhos.

Arremesso em suspensão (*hang clean*, em inglês) O arremesso em suspensão é um arremesso iniciado com a barra em qualquer posição acima do chão e recebida em postura de agachamento completo. O ponto mais comum para o início da suspensão é com a barra um pouco acima dos joelhos.

Agachamento livre com barra (*back squat*, em inglês) O agachamento livre normalmente é referido apenas como agachamento fora da comunidade de levantamento de peso, em que é menos frequente a necessidade de distingui-lo do agachamento frontal. O agachamento livre é executado com a barra apoiada nos ombros atrás do pescoço do atleta.

Agachamento frontal (*front squat*, em inglês) O agachamento frontal é um agachamento executado com a barra apoiada nos ombros na frente do pescoço do atleta.

Agachamento de arranque (*overhead squat*, em inglês) O agachamento de arranque é um agachamento executado com as barras seguras pelos braços travados acima da cabeça, mais frequentemente com a mesma pegada do arranque.

Arranque com puxada (*snatch pull*, em inglês) O arranque com puxada é um exercício de treinamento que imita a primeira fase do arranque: a barra é puxada com uma empunhadura aberta na posição do arranque até estender completamente os quadris e os joelhos. O atleta não faz a tentativa de realocar o corpo para baixo da barra, mas existe um esforço para acelerar a barra ao máximo. Um arranque com puxada completa envolve uma puxada contínua com braços após estender as pernas e os quadris.

Arremesso com puxada (*clean pull*, em inglês) O arremesso com puxada é um exercício de treinamento que imita o primeiro tempo do arremesso: a barra é puxada com uma pegada aberta como a do arremesso até estender completamente os quadris e os joelhos.

O atleta não faz a tentativa de realocar o corpo para baixo da barra, mas existe um esforço para acelerar a barra ao máximo. Uma puxada de arremesso completa envolve uma puxada contínua com braços após estender as pernas e os quadris.

Desenvolvimento (*press*, em inglês) O desenvolvimento é um exercício de força em que o atleta levanta a barra a partir dos ombros até acima da cabeça exclusivamente com a parte superior do corpo.

Desenvolvimento com arremesso (*push press*, em inglês) O desenvolvimento com arremesso é um exercício que começa com uma flexão de joelhos para acelerar a subida da barra antes da parte superior do corpo se acionar para terminar o levantamento da barra até a posição acima da cabeça.

Como e por que o levantamento de peso olímpico funciona

O arranque e o arremesso podem ser divididos em duas fases básicas. A primeira é o esforço do atleta para acelerar a barra ao máximo para cima com um movimento explosivo das pernas e de extensão dos quadris (o segundo tempo do arremesso é um movimento apenas de pernas). A segunda fase é o esforço do atleta de puxar agressivamente (ou empurrar, no caso do arremesso) o corpo para baixo da barra para recebê-la ou acima da cabeça no arranque ou nos ombros no arremesso. A primeira fase é fácil de compreender e praticar; a segunda é muitas vezes mal compreendida e incorretamente executada. Com cargas pesadas, o atleta não pode simplesmente se jogar para baixo da barra; deve existir um esforço ativo e agressivo para mudar a direção do corpo no final da primeira fase e realocá-lo abaixo do peso.

Existem três elementos básicos para o benefício da habilidade atlética com levantamento olímpico. O primeiro é o mais óbvio: a melhoria da potência de extensão (potência é combinação de força e velocidade; também podemos chamar isso de explosividade) e a taxa de desenvoltura de força dos joelhos e quadris. Esse elemento é treinado durante a primeira fase (primariamente durante o esforço explosivo final iniciado quando a barra atinge a altura aproximada da metade das coxas).

O segundo elemento é a melhoria da habilidade atlética de absorver força ou desacelerar com segurança e eficácia. Isso é treinado até certo ponto com exercícios básicos de força como o agachamento, mas a natureza da recepção da barra no levantamento olímpico é bem mais balística e mais similar aos esforços de atletas de solo no que se trata de frear, mudar de direção ou absorver a força de colisão de oponentes.

O terceiro elemento é a melhoria global da percepção da cinestesia, das habilidades motoras fundamentais centradas nos quadris e pernas e do controle preciso e consistente dos movimentos e posições do corpo.

Nenhum outro tipo de exercício oferece treinamento para essas coisas no mesmo nível, principalmente com tanta eficiência.

O papel do levantamento de peso olímpico no treinamento atlético

Todos os atletas devem possuir um conjunto de habilidades físicas e características específicas para seus esportes e ocasionalmente até mais específicas para sua posição naquele esporte. Esse conjunto de habilidades pode variar muito entre esportes e atletas, mas poucos atletas não se beneficiarão da melhoria de força, particularmente na parte inferior do corpo, de velocidade, de explosividade e da habilidade de absorver força de forma segura e produtiva.

Alguns esportes demandam grande quantidade de tempo de dedicação às habilidades específicas da atividade, deixando comparativamente pouco tempo para o fortalecimento e o condicionamento; outros esportes, geralmente por causa de um número mais limitado de habilidades ou tipos de habilidades, permitem e até exigem mais tempo a ser dedicado ao fortalecimento e o condicionamento. Obviamente, quanto mais o esporte for direcionado para potência e força, maior será o papel que o treinamento de força e potência desempenhará no treino do atleta. Indiscutivelmente o melhor exemplo disso seria o lançador de disco, que foca basicamente em uma única disciplina (por exemplo, disco, peso ou martelo) e cujo sucesso depende muito da força e da potência. Competidores do Strongman com certeza necessitam de uma grande quantidade de força, mas também devem possuir um vigor considerável e um número razoável de habilidades.

Jogadores de futebol americano têm uma necessidade considerável de força, velocidade e potência, mas também precisam atingir um alto nível de condicionamento e uma variedade razoavelmente ampla de habilidades. Os atletas de esportes de resistência têm a menor necessidade do desenvolvimento de força e potência, mas, sem dúvida, ainda se beneficiariam com treinamento dessas qualidades na medida certa.

Quando se elabora programas de fortalecimento e condicionamento para qualquer atleta, é necessário entender a necessidade real dele em termos da demanda do esporte e do atual estágio de desenvolvimento atlético do indivíduo. O que é apropriado e eficiente para um atleta pode estar muito longe disso para outro.

Em alguns casos, os levantamentos olímpicos não serão apropriados porque o atleta não desenvolveu previamente habilidades fundamentais em termos de força, flexibilidade e padrões básicos de movimento de exercícios atléticos; em outros casos, pode ser impossível incorporar os levantamentos por causa das severas limitações de tempo ou equipamentos e a necessidade de priorizar tanto o tempo quanto a eficácia do treino. Em casos de atletas de potência em treinamentos em tempo integral, os levantamentos olímpicos podem representar um papel significativo e aparecer com grande frequência e grande quantidade no programa de treinamento.

Em última análise, o papel dos levantamentos olímpicos será determinado com base nas necessidades e circunstâncias de cada atleta.

Diferenças técnicas dos levantamentos para o treinamento atlético

Existem certos detalhes sutis na técnica de execução do levantamento olímpico que podem variar em termos de necessidade e adequação quando se comparam halterofilistas profissionais com outros atletas. A meta do halterofilista é exclusivamente arrancar e arremessar o máximo de peso possível, e a técnica é moldada para esse fim. Contudo, o atleta que usa os levantamentos para outros esportes está interessado em desenvolver certos atributos físicos que carregará para sua performance atlética além da academia, e não diretamente na quantidade de peso que levantou.

A distinção primária que precisa ser feita é que, para o atleta, minimizar os riscos de lesões na musculação é primordial. Além disso, o treino de musculação deve contribuir para a habilidade do atleta de resistir a lesões em campo. Com isso em mente, executar levantamentos com as posições mais seguras possíveis tem prioridade sobre a possibilidade de se distanciar disso apenas pelo objetivo de levantar mais peso. Um exemplo simples é o agachamento: o halterofilista profissional deve agachar até o limite máximo de forma a ficar sob o máximo de peso possível. Ocasionalmente isso envolve uma mecânica longe do ideal nos joelhos ou quadris, o que para o halterofilista vale o risco, mas para outros atletas não. Isso pode de alguma forma limitar o que um atleta é capaz de levantar, mas, novamente, a quantidade de peso em si não é a meta nesse caso.

Entre os levantadores de peso de todos os níveis, existem variações técnicas de estilo. Geralmente elas são sutis o suficiente a ponto de não serem notadas por indivíduos fora da cultura do levantamento de peso. O exemplo pertinente é a predominância da extensão dos quadris sobre a extensão dos joelhos em alguns halterofilistas na medida em que a desenvoltura de potência na extensão dos joelhos é limitada. Enquanto isso pode ser uma estratégia eficiente para alguns halterofilistas, para quem ela permite uma transição mais rápida para debaixo da barra, não é apropriada para atletas interessados no desenvolvimento ideal da explosividade da parte inferior do corpo, que será transferida ao máximo para a performance no esporte de sua escolha. O que é apresentado de forma técnica neste livro não representa necessariamente o que seria ensinado ao competidor de levantamento olímpico, mas é direcionado para oferecer o benefício máximo possível para atletas de esportes diferentes.

Segurança nos levantamentos olímpicos

Normalmente técnicos e pais de jovens atletas têm a impressão de que levantamento de peso é perigoso e, com base na observação casual e rumores, levantamento de peso olímpico em especial parece causar mais lesões.

Na verdade, o levantamento de peso olímpico é notavelmente seguro e a taxa de lesões entre halterofilistas competitivos é extremamente baixa – muito menor que dos esportes convencionais, que os pais estão mais do que dispostos a deixar suas crianças participarem.

Todos os esportes têm um potencial para causar lesões, especialmente nas competições de alto nível. Entretanto, a imensa maioria das lesões no levantamento de peso acontece com indivíduos com pouca ou nenhuma instrução em levantamentos que são treinados com técnicas, cargas e programas de exercícios inapropriados. Não deveria surpreender que atletas com mobilidade inadequada possam se machucar tentando executar levantamentos que exigem uma mobilidade considerável; nem deveria surpreender que atletas se ferem erguendo quantidades de peso além das suas habilidades técnicas, sejam competindo uns com os outros ou consigo mesmo.

De acordo com uma pesquisa da Federação Internacional de Levantamento de Peso[1], o número de lesões a cada cem horas participadas no levantamento de peso no Reino Unido era 0,0017[2]. Compare isso com futebol americano, que era 0,1; corridas e maratonas nos Estados Unidos, 0,57; ou basquete nos Estados Unidos, 0,03.

Em todo caso, os levantamentos olímpicos não são mais arriscados que qualquer outra atividade de força e condicionamento se ensinado, treinado, executado e programado de forma apropriada. É responsabilidade do técnico e do atleta garantir a segurança na academia de musculação independente da modalidade treinada.

---

1 International Weightlifting Federation: www.iwf.net
2 Não há estatística disponível para o levantamento de peso nos Estados Unidos. Presumivelmente a incidência é baixa demais.

AVALIAÇÃO

A avaliação adequada de cada atleta ajudará a guiar o formato do programa de treinamento apropriado. As demandas do esporte do atleta e as circunstâncias em que ele será treinado influenciarão os detalhes do programa. A meta de todos os formatos de programas é maximizar a eficiência dentro do tempo permitido e com os recursos disponíveis. Tempo e recurso podem variar muito entre técnicos e atletas e, como consequência, programas podem parecer possuir diferenças dramáticas; ainda assim, todos esses programas podem ser considerados ótimos.

Avaliação esportiva

O passo mais básico ao desenvolver um programa de treinamento é determinar as demandas do esporte. Características atléticas básicas podem ser priorizadas para assegurar a quantidade de tempo e esforço apropriadas para cada elemento. Essas características são:

- Força;
- Velocidade;
- Potência (explosividade);
- Resistência cardiorrespiratória;
- Vigor (resistência da musculatura local);
- Flexibilidade/mobilidade.

Essa lista não leva em consideração as habilidades específicas de cada esporte; inclui apenas habilidades fundamentais cujo treinamento pode geralmente ser feito na academia.

Avaliação atlética

Avaliação atlética geral Cada atleta deveria ser avaliado nas suas qualidades atléticas básicas como força, velocidade, vigor, resistência e potência. Essa lista pode variar dependendo das exigências do esporte. Cada aspecto deveria ser priorizado, pelo menos informalmente, baseado na combinação das demandas do esporte e do estado atual de desenvolvimento do atleta. Por exemplo, para um determinado atleta, força pode não ser a prioridade no que se trata do esporte em si, mas pode ser a área em que o atleta é menos desenvolvido e, portanto, deve ser priorizada em qualquer plano de treinamento.

Proficiência em movimentos básicos de força Qualquer atleta que deseja incorporar os levantamentos olímpicos ou suas variações em um programa de treinamento deve ter uma base sólida dos movimentos básicos de força. Sem isso, é comum atletas não serem capazes de utilizar o levantamento olímpico com eficiência, não só porque será um processo muito mais longo e mais exigente para aprendê-lo mas também porque simplesmente eles serão incapazes de usar a carga adequada para prover um estímulo de treinamento significativo.

Atletas devem ser familiarizados no mínimo com o agachamento, o levantamento terra e o desenvolvimento. Aqueles que não estão, mas que estão interessados em aprender os levantamentos olímpicos, estariam bem servidos gastando pelo menos uma quantidade pequena de tempo aprendendo primeiro esses exercícios básicos de força. A avaliação de uma proficiência atlética nesses exercícios deve ser baseada principalmente na mecânica do movimento depois na carga utilizada; a força de um atleta em determinado exercício não necessariamente reflete a qualidade do movimento.

Flexibilidade e mobilidade Os levantamentos olímpicos requerem certo grau de mobilidade nos joelhos, quadris, parte superior das costas, ombros e pulsos. Facilmente o limitador mais comum ao executar os levantamentos é a flexibilidade inadequada. Para atletas com limitações de flexibilidade, pode ser necessário empregar variações dos levantamentos que demandem menos flexibilidade, como os arremessos em pé e os arranques em pé, ou as limitações podem ser corrigidas com rapidez o suficiente para que o atleta possa, depois de um breve período de preparação, usar a totalidade dos levantamentos se ele desejar. A flexibilidade adequada desempenhará um papel importante na segurança tanto no que se trata dos levantamentos olímpicos quanto dos levantamentos básicos de força.

Flexibilidade para os levantamentos olímpicos pode ser medida com certos movimentos e posições em vez de com um teste direto de flexibilidade. Os seguintes movimentos e posições deveriam ser testados:

- Agachamento livre olímpico;
- Agachamento frontal;
- Agachamento de arranque;
- Posição de apoio do segundo tempo do arremesso;
- Posição sobre a cabeça do segundo tempo do arremesso.

A habilidade ou inabilidade de um atleta de atingir as posições necessárias nos testes anteriores dirão aos técnicos quais exercícios são imediatamente acessíveis e quais necessitarão de melhora na flexibilidade antes de serem possíveis ou seguros. Veja o capítulo "Flexibilidade" do livro para mais informações na avaliação e correção da flexibilidade.

Histórico de lesões e limitações Antes de iniciar um programa de treinamento, o histórico de lesões de um atleta deve ser considerado e quaisquer limitações decorrentes de lesões passadas devem ser levadas em consideração. Isso pode encorajar o técnico a usar exercícios um pouco diferentes para evitar a reincidência da lesão ou o agravamento de uma lesão existente, ou a modificar movimentos devido as restrições de amplitude de mobilidade.

Avaliação das circunstâncias

Tempo Quanto tempo o atleta será capaz de dedicar ao treinamento ao todo, para o fortalecimento e condicionamento no geral e para os levantamentos olímpicos em específico? Para atletas do ensino médio em particular, o tempo de treinamento é tipicamente limitado devido ao uso do estabelecimento controlado e limitações de funcionários. Nesses casos, técnicos geralmente precisam ser criativos e focar a eficiência quando projetam um programa de treinamento. Para atletas que não estão estudando, por outro lado, o tempo de treinamento pode ser limitado por obrigações como trabalho e família ou devido a restrições financeiras.

Estabelecimentos e equipamentos Quanto espaço e quais equipamentos estão disponíveis para o atleta e o técnico? Se estiver trabalhando com um grupo grande de atletas, existe uma quantidade adequada de barras, racks, plataformas e pesos? Se está trabalhando com um único atleta, o equipamento de levantamento de peso está disponível, assim como o espaço nas instalações que permite o uso desses equipamentos?

Equipe Para o técnico profissional ou semi profissional que trabalha com um número grande de atletas, existe um número adequado de membros qualificados na equipe para auxiliar no ensino e treinamento na sala de musculação, de modo a assegurar que aqueles atletas estejam executando os levantamentos com segurança e eficácia?

ENSINANDO PROGRESSÕES

A meta para as progressões que seguem é ensinar atletas a executar os levantamentos o mais rápido e fácil possível sem comprometer a segurança ou a eficiência. Naturalmente, alguns atletas aprenderão os movimentos mais rapidamente do que outros. Certos atletas podem requerer práticas adicionais para ajudá-los a executar os movimentos com maior precisão; outros apenas precisarão de um grande volume de repetições.

É importante lembrar que não estamos formando levantadores de peso para competições. Atletas não precisam executar os levantamentos olímpicos com perfeição técnica. Entretanto, quanto mais proficiente forem, mais se beneficiarão com o treino dos levantamentos e mais seguro será esse treino.

Depois da etapa inicial de aprendizado, atletas deverão ser encorajados a permanecer focados na execução técnica todas as vezes que treinarem os levantamentos, para uma melhoria contínua no decorrer do tempo, em vez de permitir que uma técnica inferior se torne um hábito. Se o tempo permitir, uns poucos minutos de exercício técnico podem ser feitos como parte do aquecimento antes do treino dos levantamentos olímpicos, para oferecer ao atleta a chance de afinar seus movimentos ao longo do tempo.

Apesar de terem sido ensinadas as técnicas padrões de execução para os levantamentos, todo atleta procurará uma forma ou outra diferente de executá-los. Essas variações surgirão de fatores como as proporções diferentes do corpo de cada indivíduo, capacidade inatas de velocidade e ritmo e a extensão das técnicas desenvolvidas. É importante para cada treinador ser capaz de distinguir dentre essas variações quais são aceitáveis e quais divergem da técnica segura e eficaz. Em caso algum deve ser permitido ao atleta continuar executando um levantamento de maneira insegura.

Ordem de ensino

A progressão a seguir é uma ordem sugerida de ensino dos levantamentos, sendo ensinados todos ou apenas alguns. As variações de suspensão em pé do primeiro tempo do arremesso e do arranque são ensinadas antes das variações em pé a partir do chão, porque esse é o modo ideal de ensiná-las e também porque é provável que muitos atletas farão exclusivamente levantamentos em suspensão. As variações em pé são ensinadas antes das variações de agachamento porque os levantamentos em pé oferecerão o maior benefício geral para atletas e também demandam bem menos flexibilidade.

O primeiro tempo do arremesso em pé é o tópico inicial porque é a variação mais simples do levantamento olímpico para a explosividade da perna e dos quadris e ainda é muito eficaz. O desenvolvimento com arremesso e o segundo tempo do arremesso estão na sequência, para oferecer exercícios envolvendo um pouco da potência de levantamento da parte superior do corpo para complementar a potência desenvolvida na parte inferior do corpo no primeiro tempo do arremesso em pé; o desenvolvimento com arremesso e o segundo tempo do arremesso são também tipicamente mais fáceis de aprender por atletas que o arranque. O arranque em pé vem em seguida do desenvolvimento com arremesso do segundo tempo do arremesso em pé por causa da sua grande dificuldade e porque é comparativamente menos necessário e útil se o atleta já executa o primeiro tempo do arremesso em pé. As variações do agachamento a partir do chão são as últimas, pois são as que mais exigem flexibilidade, e provavelmente nunca serão usadas pela maioria dos atletas, tanto por causa do tempo necessário para desenvolvê-las pode ser maior que o disponível como por causa dos benefícios que elas oferecem em relação às variações em pé não serem proporcionais ao tempo necessário para desenvolver a técnica e a flexibilidade.

Essa ordem de aprendizado dos levantamentos também permitirá aos atletas começar a implementar alguns tipos de levantamentos olímpicos o mais rápido possível se desenvolvida a flexibilidade adequada que é necessária para executar um levantamento clássico completo.

Carga

1. Primeiro tempo do arremesso em pé em suspensão
2. Primeiro tempo do arremesso em pé
3. Desenvolvimento com arremesso
4. Segundo tempo do arremesso em pé
5. Segundo tempo do arremesso técnico
6. Arranque em pé em suspensão
7. Arranque em pé
8. Primeiro tempo do arremesso
9. Arranque

Os treinos a seguir foram pensados para execução com a barra sem peso. Alguns atletas podem precisar usar barras técnicas mais leves para certos treinos.

Séries e repetições

As sequências de ensino a seguir consistem em breves treinos com a proposta de ensinar porções específicas do movimento como um todo, de forma a serem simples e fáceis tanto para os técnicos ensinarem como para os atletas aprenderem. Não são prescritas quantidades – este é um sistema de ensino flexível que pode ser ajustado de acordo com as necessidades do atleta ou as circunstâncias em um grupo ou time.

De modo generalizado, mais repetições são melhores do que menos, presumindo que a qualidade dessas repetições se mantenha no nível mais alto possível. Entretanto, séries deveriam ser limitadas a cinco repetições, mesmo quando se trabalha com barras vazias. O trabalho habilidoso é de uma dificuldade enganosa mesmo com os pesos mais leves e pode ser mentalmente exaustivo. Cada série precisa ser executada tão bem quanto possível e não se pode esperar performances ótimas do atleta se ele estiver fatigado.

Técnicos e atletas podem determinar o volume apropriado ou necessário de repetições em cada treino. Essa determinação deve ser baseada simplesmente em quão bem o atleta executa o treino. Na maioria dos casos, atletas deveriam ser capazes de passar pelas séries de treinos e começar a executar o exercício em si em uma única sessão de treinamento. Dito isso, não há nada de errado em estender o período de treino se parecer necessário ou benéfico, ou retomar alguns treinos ou todos os treinos. Os mesmos treinos usados para aprender e ensinar os levantamentos também serão treinos técnicos eficientes para atletas que já fazem os levantamentos mas necessitam melhorar a execução.

Um exemplo simples, usando o segundo tempo do arremesso em pé em suspensão para ilustrar, seria executar de três a cinco séries de cinco repetições em cada treino. Se um atleta tiver dificuldade com qualquer treino em particular, deveria gastar mais tempo nele; de forma similar, se um atleta executar o treino perfeitamente na primeira série, não há necessidade de gastar mais tempo nela.

Respiração e estabilização do tronco

Com toda a carga estrutural, atletas precisam acionar apropriadamente a musculatura do tronco para estabilizar a coluna. Isso é crítico tanto para a performance como para a segurança. Para estabilizar apropriadamente o tronco, o atleta precisa expandir o abdome e encher completamente os pulmões. Suspendendo a respiração, o atleta deverá contrair o abdome e a musculatura das costas com força. O abdome não pode ser puxado para dentro ou ficar oco, pois isso simplesmente reduz a base de suporte e diminui a estabilidade.

A inspiração deve ser feita antes do início de um levantamento e mantida pela duração de uma repetição, exceto pela expiração controlada de uma quantidade pequena de ar durante a parte mais difícil do levantamento. Por exemplo, durante a recuperação de um agachamento pesado, o ar pode ser liberado conforme o levantador luta para ultrapassar o ponto mais difícil. O segredo é que apenas uma pequena quantidade deve ser liberada enquanto se mantém o tronco contraído, geralmente necessitando de algum barulho com a expiração.

A qualquer momento que um atleta sinta tonturas ou vertigens durante um levantamento, o exercício deve ser interrompido imediatamente e com segurança, e o atleta deve se sentar para se recuperar.

A pegada em gancho

Halterofilistas, quando arrancando ou arremessando, usam a pegada em ganho para aumentar a segurança da pegada durante a aceleração explosiva desses levantamentos. Alguns atletas não precisarão usar a pegada em gancho, mas todos são encorajados a aprendê-la e usá--la para prevenir que a força da pegada não se torne um limitador do levantamento olímpico.

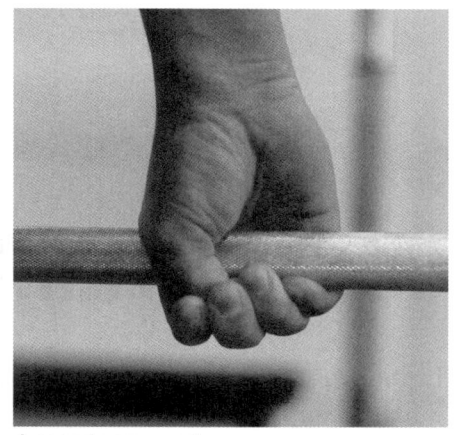

A pegada em gancho

O atleta pressionará a pele entre o dedão e indicador na barra, depois enganchará o dedão em volta da barra o máximo possível. Os dedos então se fecharão ao redor da barra. Os dedos indicador e médio estarão por cima do dedão: eles devem puxar o dedão mais para volta da barra enquanto a mão como um todo se agarra nela.

No início, a pegada em gancho será desconfortável, se não dolorida. Atletas precisarão gastar algum tempo usando-a para que a mão se adeque à mobilidade. Os estágios de aprendizados são ideais para isso porque o peso na barra será limitado, o que minimizará o desconforto. O dedão pode ser envolto em uma fita atlética elástica se necessário.

O AGACHAMENTO

Embora não seja um levantamento olímpico por si só, o agachamento é fundamental para os levantamentos e é uma parte importante do exercício de treinamento de força. Para atletas que executarão apenas as variações em pé dos levantamentos olímpicos, o agachamento completo não será necessário; entretanto, o agachamento é discutido aqui para assegurar que atletas e técnicos estejam preparados completamente se decidirem usar a totalidade dos levantamentos. Além disso, mesmo as posições de recebimento em pé são, em essência, agachamentos – eles simplesmente são agachamentos parciais. A posição dos pés para o agachamento como descrita abaixo é a mesma em que os atletas devem receber todos os levantamentos, sejam em pé ou em agachamento completo (exceto o segundo tempo do arremesso técnico).

O posicionamento dos pés ditará como o atleta é capaz de se mover no agachamento e isso determinará se o agachamento pode ser seguro ou não. O propósito da postura correta é assegurar que os joelhos estejam flexionando de forma adequada, em vez de demonstrarem alguma rotação, e que os quadris são capazes de se mover livremente pela amplitude necessária de movimento para atingir a profundidade máxima com uma posição saudável para a coluna.

A distância dos pés e quanto os dedos estão virados para fora será determinada pelas proporções e mobilidade de cada indivíduo. Porém, é necessário que, em qualquer ponto durante o agacha-

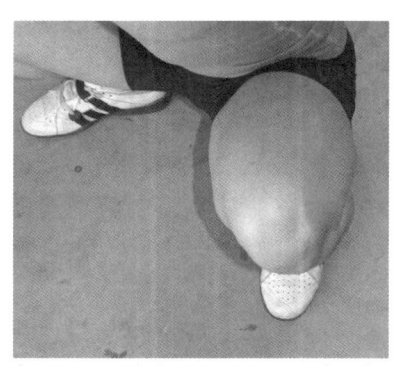

A coxa e o pé devem estar aproximadamente paralelos um com o outro quando vistos diretamente de cima com o joelho sobre o pé (não dentro ou fora do pé).

mento, cada coxa esteja paralela ao seu pé correspondente; em outras palavras, que os joelhos estejam flexionando apropriadamente.

Os dedos devem estar virados para fora em um ângulo entre dez e trinta graus para permitir que os quadris se abram apropriadamente enquanto o atleta se agacha. Se os dedos estão direcionados para frente, as coxas também devem estar direcionadas assim, para manter a mecânica apropriada dos joelhos; essa posição não permitirá para a maioria dos atletas manter o arqueamento apropriado das costas e também os forçará a inclinar mais para afrente enquanto agacham.

Um jeito simples de encontrar a postura apropriada de agachamento é posicionar os pés logo após a largura dos quadris e sentar em uma posição relaxada de agachamento. Nessa posição, a largura de abertura e ângulos dos pés deverão ser ajustados até que o atleta ache um ângulo confortável para os quadris que também permita à coxa ficar paralela ao pé.

Atletas com coxas mais curtas (foto de cima) não serão capazes de se sentar tão baixos quando atletas com coxas mais longas e boa flexibilidade (foto de baixo).

A profundidade mínima para o agachamento é logo abaixo do paralelo – isto é, a dobra dos quadris está abaixo do topo dos joelhos. Quando se executam os levantamentos olímpicos, a profundidade ideal é atingida quando a articulação do joelho está fechada o máximo possível junto com a manutenção da extensão completa da coluna. Dependendo de como os levantadores são constituídos, essa profundidade absoluta parecerá diferente.

Para um agachamento seguro, o requisito mínimo é que o atleta mantenha uma curvatura neutra da coluna. Isso requer um grau razoável de mobilidade de quadris e tornozelos que a princípio pode não estar presente em muitos atletas. É fortemente recomendado que os agachamentos não sejam feitos carregando um peso significativo se o atleta é incapaz de manter esse arqueamento das costas durante toda a amplitude do movimento.

O peso do atleta deve ser balanceado sobre o pé com uma leve preferência pelo calcanhar. O agachamento deve ser executado com um movimento simultâneo dos joelhos e quadris para permitir a manutenção do tronco relativamente ereto durante o movimento.

O agachamento livre com barra

O agachamento livre com barra é a variação mais básica do agachamento. A barra é posicionada atrás do pescoço entre o topo dos trapézios e o topo dos ombros. A escápula deve se manter contraída para trás com firmeza e a barra colocada na musculatura dos trapézios, e não em contato com os ossos do pescoço. Uma pegada mais estreita na barra ajudará essa posição tanto quanto ajudará a manter a parte superior das costas estendida de forma apropriada. Os cotovelos devem ser posicionados para baixo – levantá-los e jogá--los para trás fará o peitoral cair para frente e arqueará as costas.

Posicionamento correto da barra para o agachamento livre com barra

PRIMEIRO TEMPO DO ARREMESSO EM PÉ EM SUSPENSÃO

Nosso primeiro levantamento é o primeiro tempo do arremesso em pé em suspensão. Esta é a mais simples e mais acessível variação do levantamento olímpico e, se um atleta nunca passar dela, ele ou ela ainda assim terão uma ferramenta de treinamento eficaz para a explosividade e força de absorção da parte inferior do corpo. Também é uma base excelente para aprender o restante dos levantamentos.

PASSO 1 Posição no rack

Provavelmente o elemento mais importante para garantir a segurança dos atletas quando executam o primeiro tempo do arremesso em pé ou o primeiro tempo do arremesso é a posição no rack, a posição em que o atleta receberá a barra nos ombros no final do levantamento. Se feita apropriadamente, essa será uma posição

1 Posição no rack
- Pegada mais larga que os ombros
- Ombros empurrados para a frente e levemente para cima
- Barra entre o topo dos deltoides e a garganta
- Mãos abertas e apenas os dedos abaixo da barra
- Cotovelos altos

confortável, segura; se feita de modo incorreto, forçará excessivamente os pulsos e os cotovelos em especial.

A primeira e mais importante coisa a se entender sobre a posição no rack é que a barra é sustentada pela musculatura dos ombros, e não pelas mãos e braços. Os ombros são puxados para a frente e um pouco para cima (protração escapular e alguma elevação) para criar um espaço entre o topo dos deltoides e a garganta para a barra se apoiar. A parte superior das costas deve permanecer tão estendida quanto possível, e não curvada para a frente com a protração da escápula. As mãos estão abertas e relaxadas com apenas o final dos dedos sob a barra e o fim da palma da mão acima da barra. A maioria dos atletas sustentará o primeiro tempo do arremesso com apenas os três primeiros dedos sob a barra. Pode ser necessário o alongamento dos pulsos e da parte superior das costas para alcançar essa posição com conforto.

Um ponto de partida para a largura da pegada é o tamanho de meio a um pulso para além da largura dos ombros. Essa pegada um pouco aberta permitirá um posicio-

Foto de cima: pegada com largura do primeiro tempo do arremesso; Foto de baixo: posição de suporte do primeiro tempo do arremesso

namento melhor nos ombros para a maioria dos atletas, também trará a barra mais alto nas coxas durante a fase explosiva do levantamento e permitirá uma dobra mais rápida e com uma mecânica mais suave. Em última análise, cada atleta precisará experimentar para encontrar uma abertura de pegada que combine mais com ele ou ela. Em todo caso, os dedos nunca devem estar entre as barras e os ombros, e não deve existir dor além do desconforto inicial devido à inflexibilidade.

PASSO 2 Posição de suspensão

O primeiro tempo do arremesso em pé em suspensão começará em uma posição com a barra um pouco acima dos joelhos. Os pés deverão estar em uma posição de puxada – aproximadamente na largura dos quadris ou um pouquinho mais abertos com os dedos um pouco virados para fora. Com a pegada apropriada para o primeiro tempo de arremesso na barra, o atleta posicionará as costas firmemente em um arco, com a dobra nos quadris, destravará os joelhos e escorregará a barra para baixo da coxa até parar um pouco acima dos joelhos.

Nessa posição as canelas e braços devem estar verticais, as costas arqueadas rigidamente com a cabeça e os olhos para frente, as pontas dos cotovelos viradas para os lados (antebraço internamente rotacionado) e o peso um pouco para trás do meio do pé (mais pressão nos calcanhares do que na frente do pé, mas ainda com a planta do pé inteira em contato com o chão). Como parte do esforço de manter as costas arqueadas apropriadamente, os grandes dorsais devem estar tracionados, e isso ajudará a empurrar a barra em direção ao corpo conforme o atleta se estende.

Posição de suspensão do primeiro tempo do arremesso

PASSO 3 "Jump & Bump" (Saltar e empurrar)

"Saltar e empurrar" é a fase explosiva do primeiro tempo do arremesso em pé: a violenta extensão dos joelhos e quadris para acelerar a barra para cima. Nesse ponto, é importante destacar que a aceleração é obtida exclusivamente pela parte inferior do corpo. Entender isso no começo prevenirá alguns dos erros mais comuns na execução do primeiro tempo do arremesso e no arranque (e até mesmo no segundo tempo do arremesso) e ajudará a assegurar que o atleta colha o máximo dos benefícios do levantamento.

Antes de adicionar velocidade a este treino, o atleta começará com um movimento lento para sentir as posições apropriadas. Iniciando no ponto de suspensão, o atleta começará a empurrar o chão com as pernas, mantendo a barra tão perto das coxas quanto possível, sem encostar nelas. Quando a barra alcançar aproximadamente a metade da coxa, o atleta estenderá os quadris enquanto os joelhos continuam se estendendo. A barra deve entrar em contato com a parte de cima da coxa assim que o atleta completar a extensão combinada dos quadris e joelhos através do empurrão ativo para trás da barra em direção ao corpo com os grandes dorsais.

3 "Jump & Bump" (Saltar e empurrar)
- Comece na posição de sustentação
- Empurre o chão com as pernas
- Salte e estenda os quadris completamente
- Empurre a barra contra a parte de superior das coxas

Nessa posição final de extensão, o peso do atleta deverá estar mais nos calcanhares do que na frente do pé, a barra tocando a parte de cima da coxa na altura dos braços, as pontas dos cotovelos ainda viradas para os lados, os

Saltar e empurrar

joelhos retos e os quadris um pouquinho hiperestendidos, posicionando os ombros levemente atrás dos quadris.

É importante que esse pequeno grau de hiperextensão esteja realmente acontecendo nos quadris, e não na região lombar. Para se assegurar disso, os glúteos devem estar ativados para estender os quadris e o abdome deve permanecer rígido para ajudar a manter a posição adequada da coluna.

Quando esse movimento básico é feito de modo apropriado, o equilíbrio manteve-se corretamente sobre os pés, a barra em contato com a parte de cima da coxa e a posição final alcançada com a ativação apropriada dos glúteos, o atleta seguirá para o treino em velocidade normal.

Da posição inicial de suspensão, o atleta iniciará o movimento com o mesmo empurrão das pernas contra o chão, então saltará assim que a barra alcançar o nível da metade das coxas, estendendo os quadris completamente quando empurrar a barra para trás contra a parte de cima das coxas com os grandes dorsais. A meta neste ponto não é fazer um salto vertical máximo, mas sentir a explosão combinada dos joelhos e quadris com o contato apropriado da barra contra o corpo.

Durante esse movimento, os braços do atleta devem permanecer tão relaxados quanto possível, estendendo-se apenas pelo peso da barra os puxando. Assim que o salto é completado, a barra deve ser mantida bem junta ao corpo, não permitindo que salte das pernas e balance para frente. Os pés do atleta devem estar apoiados no chão no mesmo lugar onde iniciaram; mover para frente ou para trás indica que o equilíbrio do atleta está começando ou alternando para muito longe da direção do movimento.

PASSO 4 "Pull" (Puxada)

Puxada

O treino de puxada para baixo é a primeira parte da segunda fase do levantamento: o puxão ativo do corpo do atleta para baixo da barra para recebê-la. Esse é um elemento normalmente negligenciado nos levantamentos olímpicos por atletas e treinadores, mas é necessário tanto para ajudar a garantir uma completa, e portanto segura, virada como para permitir ao atleta levantar tanto peso quanto é capaz de verdade. Essa é literalmente uma aceleração do corpo do atleta para baixo, sob a barra.

Ficando ereto com os pés na mesma posição usada no início em suspensão, o atleta se certificará que as pontas dos seus cotovelos estão viradas para os lados e que o peso está mais para o calcanhar que para a parte da frente dos pés. Simultaneamente, o atleta se puxará para baixo contra a barra com os braços e saltará os pés para fora na posição de agachamento, agachando parcialmente com o esforço de se puxar para baixo da barra. Os cotovelos devem se mover para cima e para os lados, mantendo a barra e o corpo em proximidade imediata um com o outro, com o peito para cima em vez de

---

4 "Pull" (Puxada)

- Comece em pé na posição de puxada
- Puxe-se para baixo contra a barra com os braços
- Mova os pés para a posição de agachamento e sente em um agachamento parcial
- Cotovelos se movem para cima e para os lados

inclinando sobre a barra. Tipicamente atletas executarão este treino melhor se pensarem em mover os pés antes de iniciar a puxada com os braços. Se o atleta tentar executar os dois movimentos juntos, os braços normalmente o conduzirão de forma significativa.

O movimento dos pés deve ser rápido e agressivo, com elevação mínima – eles devem sair do chão apenas o suficiente para serem abertos até a postura de agachamento e reconectados em sua totalidade com agressividade. Essa separação garante que não haverá pressão contra o chão inicialmente, quando o atleta está acelerando para baixo, e permite aos pés um contato por completo com o chão, o que ajudará a garantir que eles estejam posicionados sob o centro de gravidade do atleta. Isso pode auxiliar o atleta a pensar em fixar os calcanhares para baixo contra o chão.

PASSO 5 "Rack Delivery Drill" Aquecimento e treino do 1º tempo do arremesso

O treino do 1º tempo do arremesso permite ao atleta praticar a mecânica apropriada de uma entrega suave e precisa da barra nos ombros, o que é crítico para um primeiro tempo do arremesso bem sucedido e seguro. Os dois pontos mais importantes aqui são que a barra deve chegar em contato com os ombros de forma suave sem despencar neles e que a barra seja imediata-

Sustentação

mente segurada pelos ombros, com os cotovelos altos e as mãos abertas na posição apropriada de sustentação.

De pé, o atleta virará as pontas dos cotovelos para os lados e garantirá que o peso esteja equilibrado nos pés em direção ao calcanhar. Os cotovelos devem ser puxados para cima e para os lados o mais alto possível, com a barra em proximidade imediata ao corpo. Assim que os cotovelos alcançam essa altura máxima, a barra deve ser puxada para trás enquanto os cotovelos são girados em torno da barra, guiando a barra para os ombros suavemente. A pegada na barra deve ser mantida até que os cotovelos se movam em volta e para baixo da barra e comecem a ascensão; nesse ponto, a barra deve estar descansando nos ombros e as mãos serão capazes de abrir tanto quanto necessário sem a barra se mover.

Este treino pode ser executado relativamente devagar no começo, se necessário para assegurar o movimento apropriado dos cotovelos e a conexão suave da barra com os ombros.

Eventualmente, o chicotear dos cotovelos em volta da barra precisa ser bem rápido.

PASSO 6 Hang Power Clean - Segundo tempo do arremesso em pé em suspensão

O passo final na progressão é o segundo tempo do arremesso em pé em suspensão. Isso é simplesmente a junção dos passos anteriores em um único movimento fluido: saltar e empurrar, puxar e sustentar. Inicialmente o movimento deve ser praticado com uma barra vazia como nos treinos anteriores, o que exigirá um controle consciente da potência posta no movimento. Nesse ponto, a meta é desenvolver controle sobre o movimento do corpo e da barra, e parte disso é saber quanta força aplicar.

A partir da posição de suspensão, o atleta começará com um empurrão das pernas contra o chão. Assim que a barra alcançar a metade da coxa, ele ou ela explodirão com os quadris enquanto continuam empurrando o chão com as pernas, usando os grandes dorsais para empurrar a barra para dentro da parte de cima das coxas. Enquanto os quadris terminam de estender, o atleta rapidamente saltará os pés para fora em uma postura de agachamento, assentando-os totalmente no chão com agressividade, enquanto se puxa para baixo contra a barra com os braços movendo o corpo para baixo. Os cotovelos devem, então, ser chicoteados ao redor da barra até a posição de sustentação enquanto o atleta se ajeita em uma posição de agachamento parcial de recebimento. O atleta deve tentar manter os cotovelos seguros na altura máxima na posição de sustentação enquanto os pés se reconectam com o chão (os pés se reconectarão primeiro, mas o esforço para acertá-los ajudará na velocidade de virada).

Primeiro tempo do arremesso em pé em suspensão

6 Hang Power Clean - Segundo tempo do arremesso em pé em suspensão

- Comece na posição de suspensão
- Empurre o chão com as pernas
- Estenda os quadris explosivamente com o direcionamento contínuo das pernas
- Empurre a barra para trás junto à parte superior das coxas com os grandes dorsais
- Salte os pés para a fora na posição de agachamento
- Empurre-se para baixo contra a barra com os cotovelos altos e para os lados
- Rotacione os cotovelos em volta da barra e relaxe a pegada

Note que os quadris ou coxas não estão se chocando contra a barra e a empurrando para longe do atleta. O atleta está usando os grandes dorsais para puxar a barra de volta contra o corpo, para criar um contato, e os quadris se movem em direção à barra enquanto se estendem. Se a barra for mantida tão junto às pernas quanto possível antes disso, não poderá existir uma colisão forte o suficiente para fazer a barra quicar para longe do corpo. Nessa mesma linha, o contato da barra e do corpo em si não é parte do esforço de elevar a barra, mas uma consequência da mecânica ideal nessa parte do levantamento.

Com pesos muitos leves, por exemplo a barra vazia, atletas provavelmente não estenderão os tornozelos de modo considerável no topo da puxada porque já estarão tentando colocar os pés de volta no chão (isso é demonstrado nas fotos que acompanham esta sessão, a terceira foto mostra o momento imediatamente após a completa extensão e o atleta já está começando a se empurrar para baixo). Um grau natural de extensão dos tornozelos no topo da puxada começará a ocorrer assim que o atleta passar para grandes cargas.

Quando o atleta está confortável e consistente com a execução do segundo tempo do arremesso em pé em suspensão com a barra vazia, o peso deve ser adicionado aos poucos. Um pequeno aumento no peso permitirá ao atleta progredir para o peso enfim apropriado para aquele momento sem mudança na técnica devido à reação mental – consciente ou não – à sensação de grande aumento de carga. Nesse ponto do aprendizado, queremos encontrar um peso que permita ao atleta executar o levantamento da forma mais precisa possível – isso requer uma carga maior do que uma barra vazia, mas precauções devem ser tomadas para não exceder o peso que permite a execução apropriada, mesmo que seja muito leve. Se o movimento é praticado bem, o atleta progredirá rapidamente para cargas mais pesadas; se o peso é empurrado prematuramente, o atleta simplesmente desviará da técnica apropriada e desenvolverá maus hábitos que serão difíceis de corrigir depois.

PRIMEIRO TEMPO DO ARREMESSO EM PÉ

Uma vez que o atleta é capaz de fazer o primeiro tempo do arremesso em pé em suspensão, aprender o movimento a partir do solo é simples (pelo menos em princípio) e geralmente rápido. Atletas podem ser limitados principalmente pela inflexibilidade quando se trata de estabelecer uma posição inicial apropriada com a barra no solo. Isso pode ser abordado com o tempo trabalhando a flexibilidade.

A parte mais difícil de passar um atleta da suspensão para o solo é assegurar o posicionamento e a sincronia apropriados durante a fase explosiva. Atletas tipicamente tentarão iniciar o esforço de aceleração final muito cedo e muitas vezes não manterão a postura e equilíbrio apropriados quando se moverem a partir do solo até a posição

O primeiro tempo do arremesso em pé

com a barra nas coxas. Se o movimento é ensinado bem, esses problemas normalmente podem ser evitados com facilidade desde o começo. Essa progressão é pensada para ajudar a prevenir isso.

PASSO 1 Posição inicial

Nosso primeiro passo é ensinar ao atleta a posição inicial apropriada. Essa será a posição ideal para iniciar o levantamento e pode requerer modificações para certos atletas, como aqueles que são muito altos ou inflexíveis.

Posição inicial do primeiro tempo do arremesso

Os pés devem ser posicionados com os calcanhares aproximadamente sob os quadris ou um pouco mais abertos, com os dedos virados para fora em qualquer grau que seja confortável para o atleta, desde que não seja excessivo – geralmente está entre cinco a quinze graus em relação à linha do centro. A barra deve repousar acima das pontas dos pés. As canelas não precisam estar em contato com a barra, mas estarão bem próximas.

Os braços do atleta devem estar orientados verticalmente quando se observa o atleta de lado. O topo das extremidades dos ombros estará um pouco à frente da barra com essa orientação vertical dos braços. Os braços devem estar internamente rotacionados para direcionar as pontas dos cotovelos para os lados.

---

1 Posição inicial

- Barra sobre as pontas dos pés
- Braços na vertical
- Costas arqueadas com firmeza
- Joelhos para fora, cotovelos para fora e cabeça para cima
- Peso equilibrado sobre os pés

As costas devem estar arqueadas completamente e com firmeza, com a cabeça e os olhos para frente. Os joelhos devem estar empurrados para fora, um pouco para os lados no espaço que for possível entre os braços. O peso deve estar equilibrado sobre os pés. Não deve estar dramaticamente sobre os calcanhares enquanto a barra estiver no solo.

PASSO 2 Levantamento terra lento do primeiro tempo do arremesso

O levantamento terra lento do primeiro tempo do arremesso ensina ao atleta como se mover apropriadamente a partir da posição inicial para a posição de onde iniciará a esforço final de explosão para acelerar a barra para cima. A puxada a partir do solo até esse ponto é principalmente um movimento de posicionamento para preparar a posição a partir da qual se explode; não é um esforço direto para acelerar a barra em si, embora nele se comece a gerar movimento para cima na barra. A chave é ensinar aos atletas imediatamente que eles terão maior explosividade se forem pacientes e sincronizarem o levantamento corretamente em vez de tentar acelerar diretamente a partir do solo.

O atleta deve se preparar na posição inicial e criar uma tensão momentânea contra a barra antes de tirá-la do solo. Isso prevenirá tanto mudanças indesejadas no equilíbrio e posicionamento quando a barra se descolar do solo, quanto permitirá uma maior geração de força. Assim que a barra sair do solo, o atleta precisa alterar o equilíbrio sobre os pés para trás de forma a ficar um pouco mais em direção aos calcanhares.

Levantamento terra do primeiro tempo do arremesso lento: posição inicial, do meio e final

Movendo-se lentamente, o atleta simplesmente continuará a empurrar com as pernas para estender os joelhos, conservando aproximadamente o mesmo ângulo das costas que foi estabelecido na posição inicial, mantendo ativamente a barra o tão próximo das pernas quanto possível sem arrastá-la. Assim que a barra alcançar os joelhos, os braços ainda devem estar na vertical e os ombros diretamente acima da barra, da mesma forma em que eles estavam na posição inicial.

Continuando a extensão dos joelhos, o atleta levantará até que a barra esteja no nível da parte superior das coxas e pare. Nesse ponto, os joelhos estarão apenas levemente flexionados, as canelas na vertical e a barra agora estará um pouco atrás dos ombros – o atleta precisa empurrar ativamente a barra para trás em direção ao corpo com os grandes dorsais. Mantendo os ombros sobre a barra até esse ponto crítico para gerar explosividade. Eles não precisam estar muito à frente da barra, no entanto.

Após segurar essa posição do alto das coxas por dois a três segundos, o atleta deve retornar a barra para o solo de forma controlada, tentando reverter o movimento com a maior precisão possível. No início esse treino deve ser feito com pesos leve e duas a três repetições por vez. O atleta deve sentir tensionar os isquiotibiais, glúteos e costas, principalmente na posição de pausa no alto das coxas. Isso não está apenas ensinando ao atleta o movimento e a posição apropriados, mas também fortalecendo o corpo para eles.

Uma vez que o atleta possa executar confortavelmente o levantamento terra do primeiro tempo do arremesso lento, estará pronto para o primeiro tempo do arremesso em pé.

---

2 Levantamento terra lento do primeiro tempo do arremesso

- Arme a posição inicial com firmeza
- Separe a barra do solo suavemente com o empurrão das pernas e a mude o equilíbrio mais para trás em direção aos calcanhares
- Sustente aproximadamente o mesmo ângulo das costas para manter os braços na vertical até que a barra passe os joelhos
- Estenda as pernas até que a barra esteja na parte de cima da coxa
- Pare e segure essa posição com os ombros na frente da barra e barra empurrando para trás contra as coxas

PASSO 3 Primeiro tempo do arremesso em pé

Nesse ponto o atleta pode executar um primeiro tempo do arremesso em pé a partir da posição de sustentação e é capaz de levantar a barra apropriadamente a partir do solo para a posição de sustentação. Esses dois exercícios apenas precisam ser combinados. Os pesos nesse estágio devem ser mantidos leves o suficiente para que o atleta possa executar o movimento corretamente sem sofrer.

Inicialmente o atleta deve executar o primeiro tempo do arremesso em pé com um levantamento bem lento a partir do solo até o meio da coxa. Sem pausar aqui, deve executar o primeiro tempo do arremesso em pé do mesmo jeito que fazia a partir da suspensão. Isso é simplesmente um levantamento terra lento + primeiro tempo do arremesso em pé em suspensão, mas sem separação entre os dois. Essa puxada lenta para a posição de suspensão ajuda a assegurar que o atleta não apresse a explosão e provê mais tempo

Primeiro tempo do arremesso em pé

para manter o equilíbrio e posicionamento apropriados. Geralmente duas a três repetições por série são aconselháveis, contudo, nesse estágio, o descanso entre as séries dever ser bem breve.

Quando o atleta for capaz de demonstrar o exercício apropriadamente com essa lentidão exagerada na primeira puxada, o movimento pode ser feito em uma velocidade mais próxima da normal. Entretanto, é preciso ser compreendido que a puxada a partir do solo até o meio da coxa será sempre significativamente mais lenta do que a explosão do meio da coxa para cima. Conforme o atleta progride se tornando capaz de fazer o arranque em pé com cargas mais pesadas, o esforço no decorrer da primeira puxada se tornará maior e maior, mas a velocidade do movimento permanecerá comparativamente lenta por causa da mecânica do corpo naquela posição. Em última instância, a primeira puxada pode ser tão rápida quanto o atleta conseguir executá-la sem comprometer o posicionamento e a sincronia apropriados.

Dois métodos para desacelerar o avanço do atleta para o verdadeiro primeiro tempo do arremesso em pé, caso necessário, são usando um primeiro tempo do arremesso em pé em duas posições ou um segmentado. O primeiro tempo do arremesso em pé em duas posições é simplesmente um primeiro tempo do arremesso em pé em suspensão seguido imediatamente por um primeiro tempo do arremesso em pé. Esse movimento complexo permite ao atleta executar uma repetição a partir de uma posição mais fácil e confortável, depois acrescenta a puxada a partir do solo, dando a chance de focar na composição para sentir o mesmo levantamento sendo feito a partir da suspensão.

⬛ Primeiro tempo do arremesso em pé

- A partir de uma posição inicial firme, lentamente levante a barra até o meio da coxa
- Assim que a barra alcançar o meio da coxa, execute o primeiro tempo do arremesso em pé como foi treinado a partir da suspensão
- Conforme a consistência melhorar, a velocidade da puxada a partir do chão pode ser aumenta, desde que não impeça o posicionamento e sincronismo apropriado

---

O primeiro tempo do arremesso em pé segmentado é um primeiro tempo do arremesso em pé com uma pausa na posição de suspensão. Ele é basicamente um exagero de uma etapa normal – uma puxada lenta para o meio da coxa, uma pausa para garantir que a posição está perfeita e então um primeiro tempo do arremesso em pé em suspensão. Isso pode ser útil para atletas que estão com dificuldade em manter o controle sobre tudo o que eles deveriam fazer. Uma vez que isso esteja indo bem, a pausa pode ser removida e a primeira puxada para acima do joelho mantida o tão lenta quanto for necessário.

DESENVOLVIMENTO COM ARREMESSO

Com a habilidade de executar o primeiro tempo do arremesso a partir da suspensão ou do chão, o atleta agora tem uma ferramenta excelente para a explosividade das pernas e quadris. Antes de aprender algo mais difícil como o arranque em pé, que proverá um efeito similar de treinamento, o atleta pode aprender o segundo tempo do arremesso e suas variações primárias, incluindo o desenvolvimento com arremesso, para oferecer alguns exercícios de explosividade para a parte superior do corpo, tanto quanto exercícios que enfatizam mais as pernas que os quadris.

O desenvolvimento com arremesso é em si um valioso exercício de potência de perna e de força na parte superior do corpo, mas também é um bom passo na progressão para o aprendizado do segundo tempo do arremesso.

PASSO 1 Posição acima da cabeça

O primeiro passo no aprendizado do desenvolvimento com arremesso é estabelecer a posição apropriada acima da cabeça. Isso assegurará estabilidade e segurança para os ombros, cotovelos e pulsos. A posição

1 Posição acima da cabeça
- Posicione a barra diretamente acima da base do pescoço
- Force a retração da escápula
- Mantenha a barra na palma da mão

acima da cabeça para o desenvolvimento com aremesso será a mesma para todos as variações de desenvolvimento e de segundo tempo do arremesso.

Com a barra posicionada atrás do pescoço sobre o topo dos trapézios e com uma pegada aberta como a do primeiro tempo do arremesso (largura de meio a um pulso da posição dos ombros), o atleta retrairá completamente as omopla-

Posição acima da cabeça do segundo tempo do arremesso

tas e estenderá a parte superior das costas, mantendo o abdome tracionado. Ele ou ela pressionará a barra diretamente para cima, mantendo uma retração forçada das omoplatas. Com os cotovelos completamente estendidos, a barra deve se posicionar de modo direto sobre a base do pescoço com a cabeça empurrada com leveza para frente entre os braços.

Os cotovelos devem estar completamente estendidos e firmemente espremidos. A barra deve se apoiar nas palmas um pouco atrás da linha média do antebraço e a pegada deve ser a mais solta possível enquanto mantém o controle da barra.

PASSO 2
Desenvolvimento

Com a posição sobre a cabeça estabelecida, o levantador precisa aprender a mecânica do desenvolvimento com arremesso (que será a mesma para se cravar sob a barra no segundo tempo do arremesso). Com a mesma pegada na

Posição de sustentação do segundo tempo do arremesso

2 Desenvolvimento

- Comece com a barra na posição de sustentação do segundo tempo do arremesso
- Mova a cabeça para trás para fora da trajetória para puxar a barra para cima e para trás
- Mova os cotovelos para fora e para baixo da barra
- Termine com segurança na posição apropriada acima da cabeça

barra usada antes, o atleta trará a barra para os ombros e, mantendo a parte de trás das costas estendida, empurrará os ombros para a frente e um pouquinho para cima de modo a criar um suporte para a barra. A barra deve se apoiar entre a garganta e o topo dos ombros – empurrar os ombros para a frente criará uma pequena depressão no local que permitirá a barra se apoiar com segurança.

O atleta deve manter a barra nas palmas tanto quanto possível em vez de permitir que ela se mova para os dedos, como estaria na posição de sustentação no agachamento frente e no primeiro tempo do arremesso. Os cotovelos devem estar abertos para os lados e se mover para baixo enquanto permanecem pelo menos um pouco à frente da barra e os grandes dorsais puxados para fora e para cima para ajudar a sustentar a posição. Essa posição exige muita flexibilidade dos ombros e pode não ser ideal para muitos atletas no início. A abertura da pegada pode ser ajustada um pouco para dentro ou para fora para ver se a posição de sustentação pode ser melhorada.

Desenvolvimento

A partir dessa posição de sustentação do segundo tempo do arremesso, o atleta empurrará a barra para cima e levemente para trás, movendo a cabeça para trás para fora do caminho enquanto a barra passa. A barra não pode ser pressionada para frente em volta do rosto. Os cotovelos devem ser empurrados para os lados e movidos para baixo da barra conforme ela deixa os ombros em vez de serem deixado na frente da barra. Enquanto a barra passa a cabeça, ela deve continuar se movendo para trás para se situar na base do pescoço, e a cabeça deve se mover para frente entre os braços para estabelecer a posição sobre a cabeça praticada anteriormente.

Dessa posição de sustentação para a posição acima da cabeça, a barra tem que se mover um pouco para trás – ela precisa se mover em uma trajetória o mais direta possível.

PASSO 3 "Dip and Drive" Flexão de joelhos e impulso

O elemento primário de potência do desenvolvimento com arremesso (push press) é a flexão de joelhos (dip) e o impulso (drive) usado para acelerar a barra para acima dos ombros. Atletas precisam entender desde o princípio que esse movimento ocorre inteiramente nos joelhos – não existe flexão nos quadris.

O pé deve estar em posição de direcionamento – um pouquinho mais abertos que a largura do quadril e os dedos virados levemente para fora. Com a barra na posição de sustentação do segundo tempo do arremesso, o atleta destravará os joelhos um pouco e colocará a tensão nos quadris, movendo o peso para os calcanhares enquanto mantém o pé

Posição de mergulho

todo em contato com o chão. Mantendo esse equilíbrio sobre os calcanhares, o atleta se dobrará lentamente apenas nos joelhos, mantendo o torso na vertical, flexionando aproximadamente de 8 a 10% do seu peso (por exemplo para um atleta de 1,82m de altura, a profundidade da flexão de joelhos deve ser aproximadamente de 14 a 18cm). O início da flexão de joelhos deve ser suave. No final da flexão de joelhos, uma linha imaginária vertical deve passar da extremidade da barra pelos quadris e tornozelos.

Depois de atingir o final da flexão de joelhos, o atleta se erguerá de novo devagar, mantendo o peso sobre os calcanhares. Se observar o atleta de lado, o final da barra deve se mover em uma linha vertical perfeita para baixo e depois de volta para cima.

Essa flexão de joelhos lenta e controlado deve ser praticada tanto quanto necessário para que o atleta seja consistente nas posições apropriadas e no equilíbrio. Ambos são críticos para um segundo tempo do arremesso bem-sucedido.

---

3 "Dip and Drive" Flexão de joelhos e impulso

- Segure a barra na posição de sustentação do segundo tempo do arremesso
- Mantenha-se de pé com os joelhos levemente destravados e o peso sobre os calcanhares
- Flexão devagar nos joelhos apenas cerca de 8 a 10% da sua altura
- Erga-se de novo lentamente, mantendo a barra em uma trajetória vertical

---

PASSO 4 Desenvolvimento com arremesso

O desenvolvimento com arremesso é simplesmente uma combinação da flexão de joelhos, do impulso e do desenvolvimento executado como um único movimento fluido. Atletas devem manter em mente quando executam o desenvolvimento com arremesso que sua potência primária vem das pernas e não da parte superior do corpo. As pernas aceleram a barra para cima e os braços simplesmente seguem junto para levar a barra para a posição acima da cabeça.

O atleta segurará a barra na posição de sustentação do segundo tempo do arremesso com uma pegada solta, destravará os joelhos um pouco e se assentará sobre os calcanhares. Com uma flexão suave dos joelhos, ele ou ela flexionarão com o torso na vertical e o peso sobre os calcanhares, então imediatamente mudarão a direção no final da flexão de joelhos e se impulsionarão para cima de forma poderosa com as pernas, mantendo o equilíbrio sobre os calcanhares. Com um impulso forçoso da perna, o atleta ascenderá um pouco para a parte da frente do pé; esse é um sinal de impulso apropriado e não é um problema desde que o peso do atleta permaneça para trás sobre os calcanhares durante a extensão dos tornozelos.

Desenvolvimento com arremesso

A velocidade da flexão de joelhos nunca deve se tornar tão grande a ponto dos ombros caírem com a barra – a barra deve permanecer

4 Desenvolvimento com arremesso

- Comece com a barra na posição de sustentação do segundo tempo do arremesso e com o peso nos calcanhares
- Flexione com suavidade apenas com os joelhos
- Imediatamente mude a direção no final da flexão de joelhos e impulsione com força para cima com as pernas
- Assim que a barra deixar os ombros, empurre para cima e para trás agressivamente com os braços
- Mantenha a barra na posição apropriada sobre a cabeça

GREG EVERETT

acomodada e conectada com firmeza aos ombros durante o movimento. Com essa restrição em mente, a flexão de joelhos pode ser o mais rápido possível para aumentar a elasticidade do movimento.

Assim que a barra deixa os ombros, o atleta manterá as pernas firmes e direitas e empurrará a barra para cima e para trás agressivamente com os braços. Como no desenvolvimento, a cabeça deve ser puxada para trás para permitir uma trajetória direta para a barra se mover para cima e para trás sobre a base do pescoço. O atleta deve firmar a posição sobre a cabeça antes de retornar a barra para os ombros para as repetições subsequentes.

A respiração e a estabilização do tronco são muito importantes no desenvolvimento com arremesso e no segundo tempo do arremesso para prevenir um colapso frontal da parte superior do corpo e a mudança para frente durante o flexão de joelhos e o impulso.

SEGUNDO TEMPO DO ARREMESSO EM PÉ

O atleta agora está familiarizado com os movimentos de flexão de joelhos e impulso, que aceleram a barra para cima, e a mecânica dos braços para continuar empurrando a barra para a posição acima da cabeça, que será a mesma usada para empurrar o atleta para baixo da barra na posição de recepção para o segundo tempo do arremesso. O próximo passo é aprender a variação mais simples do segundo tempo do arremesso: o segundo tempo do arremesso em pé.

PASSO 1 Parte superior do segundo tempo do arremesso em pé

O primeiro passo é aprender a empurrar enquanto embaixo da barra. Assim como no primeiro tempo do arremesso, o atleta usará os braços para mover o corpo dele ou dela para baixo da barra depois de usar a parte inferior do corpo para acelerá-la para cima.

---

1 Parte superior do segundo tempo do arremesso em pé

- Comece com a barra pressionada no nível da testa
- Salte os pés rapidamente para a posição de agachamento
- Utilize uma empurrada agressiva para baixo contra a barra
- Aterrisse em posição de um quarto de agachamento com a barra travada na posição acima da cabeça

---

Parte superior segundo tempo do arremesso

O atleta ficará em pé com os pés na posição de impulso usada para o desenvolvimento com arremesso e a barra na posição de rack (apoio) do segundo tempo do arremesso, depois levará a barra para cima até o meio do caminho, aproximadamente no nível da testa. A cabeça deve ser puxada para trás, para fora da trajetória, e os cotovelos movimentados para os lados e aproximadamente abaixo da barra. Essa é a posição inicial para o exercício.

A partir dessa posição inicial de desenvolvimento parcial, o atleta rapidamente saltará os pés para fora para a posição de agachamento, aterrissando com o pé inteiro no chão, enquanto utiliza uma empurrada agressiva para baixo com os braços contra a barra para empurrar o corpo para baixo em uma posição de um quarto de agachamento. O atleta deve aterrissar em um agachamento com um quarto de profundidade, com os cotovelos firmemente travados e completamente estendidos. Essa posição de recebimento de força deve ser mantida por um momento, para assegurar a estabilidade antes de levantar.

PASSO 2 Segundo tempo do arremesso em pé

O atleta precisa agora simplesmente combinar a flexão de joelhos e impulso do desenvolvimento com arremesso para acelerar a barra para cima com a empurrada para baixo contra a barra da parte superior do segundo tempo do arremesso em pé para se mover para uma posição de recebimento.

Com os pés na posição de impulso, peso nos calcanhares e a barra na posição de rack (apoio) do segundo tempo do arremesso, o atleta flexionará suavemente os joelhos, depois impulsionará contra o solo com agressividade, garantindo que o tronco permaneça na vertical. Assim que a barra deixar os ombros, o atleta saltará rápido os pés para fora na postura de agachamento enquanto se empurra para baixo contra a barra com os braços. Assim como no desenvolvimento com arremesso, a cabeça precisa se mover para trás saindo da trajetória, e o empurrão com os braços é direcionado levemente para trás para levar a barra para acima da base do pescoço. O atleta deve finalizar em um quarto de agachamento com os cotovelos travados com firmeza na posição correta sobre a cabeça. O atleta deve focar em travar os cotovelos acima da cabeça ao mesmo tempo que os pés se reconectam ao chão. Assim como com a posição de suporte do primeiro tempo do arremesso em pé, os pés aterrissarão primeiro, mas o esforço para sincronizar o levantamento dessa forma encorajará melhores velocidade e agressividade.

Segundo tempo do arremesso em pé

GREG EVERETT

2 Segundo tempo do arremesso em pé

- Flexione os joelhos e impulsione exatamente como no desenvolvimento com arremesso
- Quando o impulso da perna estiver completo, salte os pés para a posição de agachamento
- Enquanto os pés estão se movendo, empurre o corpo para baixo no sentido contrário da barra
- Aterrisse em um quarto de agachamento com os cotovelos travados na posição correta acima da cabeça

SEGUNDO TEMPO DO ARREMESSO TÉCNICO

O segundo tempo do arremesso técnico é a última variação do segundo tempo do arremesso a se aprender. Ela permite posições mais profundas de recebimento de força e exige menos mobilidade dos ombros do que o segundo tempo do arremesso em pé, além de ter maior estabilidade. A posição de "tesoura" também oferece um jogo de pés e equilíbrio e estabilidade dos

O segundo tempo do arremesso técnico

quadris e tornozelos para o treinamento do atleta. É recomendado que o atleta aprenda a abrir a posição de "tesoura" com ambos os pés para a frente e alternando as pernas durante o treinamento, para manter balanceada a flexibilidade e a força nas pernas e nos quadris. Atletas que tendem a ter uma postura com o mesmo pé prioritariamente na frente (por exemplo atletas de lançamento e rebatimento), podem usar sua perna dominante mais que a outra, desde que as disparidades de mobilidade e força sejam evitadas de outra forma[1].

PASSO 1 Pés em posição de "tesoura"

Uma posição de "tesoura" apropriada é necessária tanto para otimizar a performance quanto para maximizar a segurança do segundo tempo do arremesso. Se quiser achar a perna dominante do atleta, execute uma série de passada (ou

Posição de "tesoura"

afundo) com deslocamento – a perna que o atleta naturalmente colocar na frente primeiro será quase sempre a perna que terá o domínio mais forte no segundo tempo do arremesso técnico.

O atleta se posicionará na posição de passada com a perna dominante escolhida, mantendo a distância entre os pés pelo menos igual à usada na postura de agachamento. Situar os pés alinhados um com o outro ou algo perto disso reduz demais a estabilidade lateral da posição de "tesoura". O comprimento e a profundidade da "tesoura" devem ser ajustados até que a frente da canela esteja vertical e que a frente da coxa esteja em um ângulo de aproximadamente 20 a 40 graus em relação ao solo.

O joelho da perna de trás deve dobrar pelo menos um pouco, e o calcanhar traseiro deve se elevar. O atleta precisa manter a parte da frente da planta do pé de trás em contato com o solo – ele ou ela devem estar apoiados apenas nos dedos. O peso deve ser balan-

1 Um agradecimento a Mike Gattone por esta ideia.

ceado igualmente entre os pés – a maioria dos atletas naturalmente colocará mais peso no pé da frente.

O pé da frente deve apontar diretamente para a frente ou bem pouco para dentro. O calcanhar do pé de trás deve estar um pouco virado para manter o pé alinhado com a perna. A coluna deve estar neutra e os quadris sob os ombros. Se a parte inferior das costas estiver hiperestendida nessa posição, o atleta muito provavelmente não está dobrando o joelho traseiro o suficiente.

Quando o atleta tiver aprendido a posição correta de "tesoura", poderá treinar o movimento da posição de impulso para a "tesoura". Em pé na posição de impulso, tendo se certificado de que o peso está sobre os calcanhares, o atleta saltará os pés para a posição de "tesoura", garantindo que o peso está balanceado igualmente entre os dois pés e que os quadris estão sob os ombros. O pé de trás deve permanecer bem próximo do chão enquanto se move para trás e o da frente deve ser elevado o suficiente para reconectar a sola inteira do pé contra o chão em uma posição apropriada.

1 Pés em posição de "tesoura"

- Pé da frente inteiro no chão, apontando para a frente, peso no calcanhar, canela da frente na vertical
- Coxa da frente em um ângulo de 20 a 40 graus em relação ao chão
- Pé de trás com o calcanhar elevado, dedos levemente virados, peso na ponta do pé
- Distância entre os pés com pelo menos a mesma largura da postura de agachamento
- Joelho de trás dobrado e coluna em posição neutra
- Peso balanceado igualmente entre o pé da frente e o de trás

PASSO 2 Segundo tempo do arremesso técnico

O atleta agora tem todas as ferramentas necessárias para executar o segundo tempo do arremesso técnico. Contudo, este levantamento pode ser desafiador para muitos, por causa da introdução da movimentação horizontal dos pés que antes ficavam confinados ao movimento vertical. Os atletas devem entender desde o princípio que a flexão de joelhos e o impulso no segundo tempo do arremesso técnico são idênticos ao do desenvolvimento com arremesso e ao do segundo tempo do arremesso em pé: ele tem que permanecer vertical. É apenas após a flexão de joelhos vertical e o impulso serem completados que os pés abrem a "tesoura".

O atleta começará com o pé na posição de impulso e a barra na posição de rack (apoio) do segundo tempo do arremesso, o

Segundo tempo do arremesso

peso para trás nos calcanhares e o tronco estabilizado e rígido. Flexionará os joelhos suavemente e impulsionará direto para cima com agressividade, movendo a cabeça para trás, fora da trajetória, e tentando empurrar a barra diretamente para trás. Assim que o impulso estiver completo e a barra deixar os ombros, o atleta abrirá os pés rapidamente e golpeará por baixo da barra para receber o levantamento com cotovelos travados em uma posição balanceada de "tesoura".

Depois de estabilizar a posição, o atleta recuará cerca de um terço do caminho com o pé da frente e, então, completará o restante da distância com o pé de trás. Esse método para recuperar a posição em pé minimiza o movimento da barra e maximiza a estabilidade.

ARRANQUE EM PÉ EM SUSPENSÃO

Com a habilidade de executar o arremesso em pé, o atleta agora tem duas ferramentas para o treino da explosividade: uma que enfatiza os joelhos e os quadris juntos e outra que enfatiza os joelhos e a parte de cima do corpo. O arranque em pé, primeiro a partir da suspensão e depois do chão, oferecerá outra ferramenta ao conjunto que, de forma similar ao primeiro tempo do arremesso em pé, envolverá tanto os joelhos quanto os quadris, que é ainda mais rápida e que também possui o elemento de força e estabilidade na posição sobre a cabeça.

O arranque em pé é frequentemente ensinado aos atletas com uma pegada mais estreita. Em alguns casos há uma boa razão para isso. Entretanto, aqui, o atleta é incentivado a usar a pegada mais aberta usada por levantadores no arranque. Para nossos propósitos, essa pegada mais aberta deixe a barra se movimentar nos quadris em vez de nas coxas, o que permitirá ao atleta ser mais explosivo e a estender os quadris de forma mais completa; além disso, permitirá uma posição melhor sobre a cabeça devido à redução da mobilidade exigida.

Deve logo se tornar óbvio que a progressão de ensino para o arranque em pé é, em essência, a mesma que a do primeiro tempo do arremesso em pé. Os levantamentos são fundamentalmente idênticos, com exceção das posições de recepção e da largura da pegada. Isso tem um pequeno efeito na mecânica, mas, em princípio, os levantamentos não são diferentes: as pernas e quadris aceleram a barra para cima e os braços puxam o levantador para baixo da barra.

PASSO 1 Posição acima da cabeça

Nosso primeiro passo é aprender a posição apropriada sobre a cabeça na qual se recebe o arranque em pé. Para encontrar a largura da pegada, o atleta segurará a barra no comprimento dos braços e ajustará até que a barra esteja em contato com o corpo na dobra dos quadris. Essa será a largura padrão da pegada; ajustes para levar em conta proporções incomuns do corpo ou para trabalhar fora de uma área lesionada ou desconfortável podem ser feitos na sequência.

Com essa pegada de arranque, o atleta trará a barra para trás do pescoço, retraindo com firmeza as escápulas, e pressionará a barra direto para cima. A posição acima da cabeça do arranque é idêntica àquela do segundo tempo do arremesso, salvo a diferença de largura da pegada. As

Posição acima da cabeça do arranque

escápulas estarão completamente retraídas e um pouco rotacionadas para cima; os cotovelos estarão estendidos com firmeza e orientados aproximadamente no meio do caminho para trás e para os lados; o tronco estará inclinado um pouco para a frente; a barra estará nas palmas um pouco para trás da linha média do antebraço e a pegada deve ser a mais relaxada possível enquanto se mantém o controle da barra.

---

1 Posição acima da cabeça

- Use uma largura de pegada que coloque a barra na dobra dos quadris quando estiver na altura dos braços
- Posicione a barra diretamente sobre a base do pescoço
- Retraia com força as escápulas
- Mantenha a barra nas palmas com uma pegada relaxada

GREG EVERETT

PASSO 2 Posição inicial de suspensão

A posição inicial de suspensão para o arranque em pé é idêntica àquela do primeiro tempo do arremesso em pé. Com a pegada de arranque na barra, o atleta ajustará a coluna com firmeza, dobrando na linha dos quadris, destravando os joelhos e escorregando a barra para baixo pela coxa até pará-la um pouco acima dos joelhos. Os pés devem estar em posição de puxada – aproximadamente na largura dos quadris ou um pouco mais abertos e com os pés um tanto virados para fora.

Posição de suspenção do arranque

Nessa posição, as canelas e os braços devem estar quase na vertical, as costas arqueadas com firmeza, com a cabeça e olhos retos para a frente, as pontas dos cotovelos viradas para os lados (antebraço internamente rotacionado) e o peso um tanto para trás do meio do pé (mais pressão nos calcanhares do que na frente do pé, mas ainda com a sola do pé inteira em contato com o chão). Como parte do esforço de manter as costas arqueadas apropriadamente, os grandes dorsais devem estar acionados e isso ajudará a empurrar a barra para trás em direção ao corpo enquanto o atleta se estende.

---

2 Posição inicial de suspensão

- Pés na largura dos quadris e dedos um pouco virados para fora
- Canelas e braços aproximadamente verticais
- Barra logo acima dos joelhos
- Coluna arqueada e cabeça para a frente

PASSO 3 "Jump & Bump" (Saltar e empurrar)

Assim como no primeiro tempo do arremesso em pé, o "saltar e empurrar" é a fase explosiva do arranque em pé: a extensão violenta dos joelhos e quadris para acelerar a barra para cima.

Antes de adicionar velocidade a esse treino, o atleta primeiro fará um movimento lento para sentir as posições apropriadas. Começando da posição de suspensão, o atleta começará empurrando o chão com as pernas, mantendo a barra tão próxima das coxas quanto possível sem encostar. Quando a barra alcançar a parte superior da coxa, o atleta estenderá os quadris e o joelho e manterá a extensão. A barra deve entrar em contato com a dobra dos quadris assim que o atleta completar a extensão combinada dos quadris e joelhos através do empurrão ativo para trás da barra em direção ao corpo com os grandes dorsais. Nessa posição final de extensão, o peso do atleta deve estar mais nos calcanhares do que na ponta dos pés, a barra tocando a dobra dos quadris na altura dos braços, as pontas dos cotovelos ainda viradas para os lados, os joelhos endireitados e os quadris levemente hiperestendidos, posicionando os ombros um pouco atrás dos quadris. De novo, é importante assegurar que essa hiperextensão esteja realmente ocorrendo nos quadris, e não na lombar, através do ativação dos glúteos.

Quando esse movimento básico for feito de forma apropriada, o atleta passará para o treino em velocidade normal. A partir da posição inicial de suspensão, o atleta iniciará o movimento com o mesmo empurrão das pernas contra o chão, então saltará assim que a barra alcançar o nível da parte superior das coxas, estendendo os quadris completamente enquanto empurra a barra para trás em direção a eles com os grandes dorsais. A meta não é fazer um salto vertical máximo, mas, sim, sentir a explosão simultânea dos joelhos e quadris com o contato apropriado da barra contra o corpo.

---

3 "Jump & Bump" (Saltar e empurrar)

- Comece na posição de suspensão
- Empurre o chão com a força das pernas
- Salte e estenda os quadris completamente
- Empurre a barra para trás em direção aos quadris

GREG EVERETT

Durante esse movimento, os braços do atleta devem permanecer tão relaxados quanto possível, estendendo-se apenas com a ajuda do peso da barra sobre eles. Assim que o salto é terminado, a barra deve ser

Saltar e empurrar

mantida contra o corpo, não permitindo que ela bata nos quadris e balanceie para a frente. Os pés do atleta devem estar assentados no solo no mesmo lugar em que iniciaram; um movimento para a frente ou para trás indica que o equilíbrio do atleta está começando ou mudando para muito longe da direção do movimento.

PASSO 4 "Pull" Pull Down (Puxada para baixo)

O treino da puxada para baixo para o arranque em pé é o mesmo que foi visto no primeiro tempo do arremesso em pé. O posicionamento mais amplo das mãos normalmente fará o atleta se sentir mais fraco no movimento, e ele deve tomar cuidado para não balançar a barra para frente, para longe do corpo. De novo, esse movimento é de aceleração do corpo do atleta para baixo, sob a barra.

Puxada

Ficando em pé com os pés na posição de puxada, o atleta se certificará de que as pontas dos cotovelos estão viradas para os lados e o peso está mais nos calcanhares do que nas pontas dos pés. Ao mesmo tempo, o atleta se puxará para baixo contra a barra com os braços e saltará os pés para fora na posição de agachamento, agachando parcialmente com o esforço da puxada contra a barra. Os cotovelos devem se mover para cima e para os lados, mantendo a barra e o corpo em proximidade imediata um ao outro.

O movimento dos pés deve ser rápido e agressivo, com o mínimo de elevação possível, e os pés devem se reconectar completamente ao chão.

PASSO 5 "Punch" Punch Down ("Socar" para baixo)

No treinamento do "Punch", o atleta aprenderá a finalizar a puxada do arranque em pé de forma apropriada, o que na verdade significa um empurrão contra a barra. Com uma pegada de arranque,

Golpe

o atleta trará a barra para trás do pescoço assim como fez quando aprendeu anteriormente a posição sobre a cabeça. Os pés devem estar na posição de puxada e o peso mais nos calcanhares do que nas pontas dos pés.

Como no treino anterior, o atleta executará um salto dos pés para fora para a postura de agachamento enquanto se move para baixo em um quarto de agachamento, mas agora esse movimento será acompanhado pelo empurrão agressivo contra a barra com os braços. A meta é travar os cotovelos por completo e com força, ao mesmo tempo que os pés se reconectam ao solo com o atleta em um agachamento de um quarto de profundidade. O atleta deve se assegurar da posição apropriada sobre a cabeça e do equilíbrio sobre os pés antes de se levantar.

PASSO 6 "Jump, bump, pull, punch" (saltar, empurrar, puxar, socar) Arranque em pé em suspensão

O atleta pode agora pôr os treinos anteriores juntos em um arranque em pé em suspensão: saltar e empurrar, puxar e socar. Inicialmente o movimento deve ser praticado com uma barra vazia, como nos treinos anteriores.

Começando de uma posição de suspensão, o atleta primeiro empurra o solo com as pernas. Assim que a barra atinge o meio das coxas, estende explosivamente os quadris enquanto continua a forçar as pernas contra o chão, usando os grandes dorsais para empurrar a barra para trás em direção aos quadris. Assim que terminar a extensão, o atleta se puxará para baixo com agressividade contra a barra, mantendo os cotovelos para os lados, virará a barra e a socará direto para cima sobre a rura enquanto salta os pés rapidamente para a posição de agachamento e os reconecta totalmente.

Quando o atleta estiver confortável e consistente com a performance no arranque em pé em suspensão com a barra vazia, o peso deve ser adicionado aos poucos. Um pequeno aumento no peso permitirá ao atleta progredir para o peso definitivamente apropriado para aquele momento sem mudança na técnica devido à reação mental – consciente ou não – à sensação de grande aumento de carga. Nesse ponto do aprendizado, queremos encontrar um peso que permita ao atleta executar o levantamento da forma mais precisa possível – isso requer uma carga maior do que uma barra vazia, mas precauções devem ser tomadas para não exceder o peso que permite a execução apropriada, mesmo que no momento seja muito leve. Se o movimento é praticado bem, o atleta progredirá rapidamente para cargas mais pesadas; se o peso é empurrado de modo prematuro, o atleta simplesmente desviará da

Arranque em pé em suspensão

técnica apropriada e desenvolverá maus hábitos que serão difíceis de corrigir depois.

Com o arranque em pé em suspensão, é importante que o atleta não seja permitido a usar mais peso do que pode ser travado de forma segura e apropriada. Se o atleta recebe a barra sobre a cabeça com os cotovelos dobrados, as costas encurvadas ou de algum modo achou um meio de se encaixar embaixo da barra em vez de levantá-la e se puxar para baixo apropriadamente, a proposta do exercício estará perdida e o atleta estará se expondo a lesões.

6 "Jump, bump, pull, punch" (saltar, empurrar, puxar, socar) Arranque em pé em suspensão

- Comece em uma posição de suspensão
- Empurre o chão com as pernas
- Estenda os quadris explosivamente com a continuação do impulso das pernas
- Empurre a barra para trás em direção aos quadris com os grandes dorsais
- Mova os pés para fora na posição de agachamento e reconecte as solas dos pés completamente
- Puxe-se para baixo contra a barra com os cotovelos levantados e para os lados
- Soca os braços para cima contra a barra e trave a posição sobre a cabeça

ARRANQUE EM PÉ

Uma vez que o atleta é capaz de fazer o arranque em pé em suspensão, aprender o arranque em pé a partir do chão é simples, apesar de que a flexibilidade na posição inicial pode se tornar um problema ainda maior do que é no primeiro tempo do arremesso em pé. Isso pode ser resolvido ao longo do tempo com um trabalho específico para desenvolver a flexibilidade. Enquanto isso,

O arranque em pé

o levantamento pode ser executado de um ponto abaixo dos joelhos, apoiado em blocos, ou com a suspensão.

PASSO 1 Posição inicial

Nosso primeiro passo é ensinar ao atleta a posição inicial apropriada. Essa será a posição ideal para começar o levantamento e pode exigir modificações para determinadas pessoas, como aquelas que são muito altas ou inflexíveis. A posição inicial de arranque, por causa da pegada mais aberta, exige ainda mais flexibilidade e é menos indulgente com pernas longas do que a posição inicial do primeiro tempo do arremesso em pé.

Os pés devem estar posicionados na posição de puxada: os calcanhares aproximadamente sob os quadris ou um pouco mais abertos com os dedos virados para fora em qualquer ângulo que seja confortável para o atleta, desde que não seja excessivo – nor-

Posição inicial do arranque

malmente entre cinco a quinze graus a partir da linha do centro. A barra deve estar apoiada na altura da ponta dos pés. As canelas não podem estar em contato com a barra, mas estarão bem próximas dela.

Os braços do atleta devem estar no mesmo plano vertical quando se observar o atleta de lado. A ponta dos ombros estará um pouco à frente da barra com essa posição vertical dos braços. Os braços devem estar internamente rotacionados para direcionar as pontas dos cotovelos para os lados.

As costas devem estar firmes e completamente arqueadas com a cabeça e os olhos direcionados para a frente. Os joelhos devem ser empurrados um pouco para os lados, conforme o espaço entre os braços permitir. Esse posicionamento para fora dos joelhos é crítica para permitir ao atleta chegar a uma posição inicial tão profunda. O peso deve ser equilibrado sobre o pé, não deve ficar dramaticamente sobre os calcanhares.

1 Posição inicial

- Barra sobre as pontas dos pés
- Braços na vertical
- Costas arqueadas com firmeza
- Joelhos para fora, cotovelos para fora e cabeça para cima

PASSO 2 Levantamento terra com arranque lento

O levantamento terra com arranque lento ensina ao atleta a se mover de forma apropriada da posição inicial para a posição em que começará o esforço explosivo final para acelerar a barra para cima. O puxar do solo até esse ponto é prioritariamente um movimento de posicionamento para preparar a posição ideal a partir da qual se explode; não é um esforço direto para acelerar a barra em si, embora nele se comece a gerar impulso para cima na barra. Os atletas precisam entender de imediato que terão maior explosividade se forem pacientes e sincronizarem o levantamento da maneira correta em vez de tentar acelerar diretamente a partir do chão.

O atleta deve se preparar na posição inicial e criar uma tensão momentânea contra a barra antes de puxá-la do chão. Isso prevenirá tanto mudanças indesejadas no equilíbrio e posicionamento quando a barra desencostar do chão quanto permitirá maior geração de força. Assim que a barra se separar do chão, o atleta precisa alterar o equilíbrio sobre os pés para trás de modo que fique um pouco mais para os calcanhares do que para as pontas dos pés.

Movendo-se devagar, o atleta continuará a forçar as pernas para estender os joelhos, conservando aproximadamente o mesmo ângulo das costas que foi estabelecido na posição inicial, mantendo de maneira ativa a barra tão próxima das pernas quanto possível sem arrastá-la. Assim que a barra alcançar os joelhos, os braços ainda devem estar na vertical e os ombros diretamente acima da barra, como estavam na posição inicial.

Continuando a extensão dos joelhos, o atleta levantará até que a barra esteja no nível da parte superior das coxas e parará. Nesse ponto,

Levantamento terra do arranque lento: posição inicial, do meio e final

GREG EVERETT

os joelhos estarão apenas levemente flexionados, as canelas na vertical e a barra agora estará um pouco atrás dos ombros – o atleta precisa empurrar ativamente a barra para trás em direção ao corpo com os grandes dorsais. Mantenha os ombros sobre a barra até esse ponto crítico para gerar explosividade; eles não precisam estar muito à frente da barra, no entanto.

Após segurar essa posição do alto das coxas de dois a três segundos, o atleta deve retornar a barra para o chão de forma controlada, tentando reverter o movimento com a maior precisão possível. No início, esse treino deve ser feito com pesos leve e duas a três repetições por vez. O atleta deve sentir contrair os músculos posteriores da coxa, glúteos e costas, em especial na posição de pausa no alto das coxas. Isso não está apenas ensinando ao atleta a posição e o movimento apropriados mas também fortalecendo o corpo para executá-los.

Uma vez que o atleta possa executar confortavelmente o levantamento terra com arranque lento, estará pronto para o arranque em pé.

---

2 Levantamento terra com arranque lento

- Arme a posição inicial com firmeza
- Separe a barra do solo suavemente com o empurrão das pernas e a mude o equilíbrio mais para trás, em direção aos calcanhares
- Sustente aproximadamente o mesmo ângulo das costas para manter os braços na vertical até que a barra passe os joelhos
- Estenda as pernas até que a barra esteja na parte de cima da coxa
- Pare e segure essa posição com os ombros na frente da barra e a barra apoiada atrás contra as coxas

---

PASSO 3 "Stand, Jump, Bump, Pull, Punch" (Levantar, saltar, empurrar, puxar, golpear) Arranque em pé

Agora, o atleta pode executar um arranque em pé a partir da posição em pé e é capaz de levantar a barra apropriadamente a partir do chão para a posição em pé. Esses dois exercícios apenas precisam ser combinados. O peso neste estágio deve ser leve o suficiente para que o atleta possa executar o movimento corretamente sem sofrer.

A princípio, o atleta deve executar o arranque em pé com um levantamento bem lento a partir do chão até o meio da coxa. Sem pausa, o atleta deve executar o arremesso em pé do mesmo jeito que fazia a partir da suspensão. Isso é simplesmente um levantamento terra com arranque mais arranque em pé em suspensão, mas sem separação entre os dois. Essa puxada lenta para a posição de suspensão ajuda a assegurar que o atleta não apresse a explosão e provê mais tempo para manter o equilíbrio e posicionamento apropriados. Geralmente de duas a três repetições por série são aconselháveis, contudo, nesse estágio, o descanso entre as séries deve ser bem breve.

Quando o atleta for capaz de demonstrar o exercício apropriadamente com essa lentidão exagerada na primeira puxada, o movimento pode ser feito com uma velocidade mais próxima da normal. Entretanto, é preciso ser compreendido que a puxada a partir do chão até o meio da coxa será sempre significativamente mais lenta do que a explosão do meio da coxa para cima. Conforme o atleta progride, tornando-se capaz de fazer o arranque em pé com cargas mais pesadas, o esforço no decorrer da primeira puxada se tornará maior e maior, mas a velocidade do movimento permanecerá comparativamente lenta por causa da mecânica do corpo naquela posição. Em última instância, a primeira puxada pode ser tão rápida quanto o atleta conseguir executá-la sem comprometer a sincronia e o posicionamento apropriados.

Caso necessário, existem dois métodos para desacelerar o avanço do atleta para o verdadeiro arranque em pé: usar um arranque em pé em duas posições ou um arranque em pé segmentado.

O arranque em pé em duas posições é simplesmente um arranque em pé em suspensão seguido imediatamente por um arranque em pé. Esse movimento complexo permite ao atleta executar uma repetição a partir de uma posição mais fácil e confortável, depois acrescenta a puxada a partir do solo, dando a chance de focar na composição para sentir o mesmo levantamento sendo feito a partir da suspensão.

O arranque em pé segmentado é um arranque em pé com uma pausa na posição de suspensão. Ele é basicamente um exagero de uma etapa normal – uma puxada lenta para o meio da coxa, uma pausa para garantir que a posição esteja perfeita e então um arranque em pé em suspensão. Isso pode ser útil para atletas com dificuldade em manter o controle sobre tudo o que devem fazer. Uma vez que isso esteja indo bem, a pausa pode ser excluída e a primeira puxada para acima do joelho mantida tão lenta quanto necessário.

Arranque em pé

O ARREMESSO COMPLETO E O ARRANQUE

O arremesso completo e o arranque são os levantamentos olímpicos finais para o aprendizado do atleta. Esses são os lançamentos completos de competição (o arremesso é sempre nos dois tempos nas competições) e oferecerão ao atleta mais opções de treinamento. Contudo, esses lançamentos também exigem um grau significativo de mobilidade que muitos atletas não possuirão no momento ou não desejarão investir tempo e energia para desenvolvê-lo. Para atletas ambiciosos que no momento não são flexíveis o suficiente para executar com segurança os levantamentos, mas que desejam fazê-lo, este livro contém informações sobre o desenvolvimento da requerida mobilidade no capítulo sobre flexibilidade.

O primeiro tempo do arremesso

PRIMEIRO TEMPO DO ARREMESSO

O atleta já está familiarizado com a mecânica do primeiro tempo do arremesso a partir do aprendizado e da prática do arremesso em pé. Felizmente, os dois levantamentos são idênticos se executados de forma apropriada, com a exceção do agachamento em sua profundidade máxima durante a recepção da barra. Aprender o primeiro tempo do arremesso agora será mais um processo de fortalecimento do agachamento frontal e de construção da confiança para receber grandes cargas em posições mais baixas.

PASSO 1 Agachamento frontal

O primeiro passo para progredir para o arremesso é aprender o agachamento frontal. O atleta já aprendeu a posição de rack (apoio) da barra durante a progressão do primeiro tempo do arremesso em pé. Com a barra na posição de rack do primeiro tempo do arremesso, o atleta posicionará os pés um pouco mais abertos do que a largura dos quadris e virados para fora em qualquer ângulo que seja confortável, normalmente algo em torno de quinze a trinta graus a partir da linha do centro.

Depois de firmar e estabilizar o tronco, o atleta agachará devagar, dobrando os joelhos e os quadris simultaneamente e mantendo a postura ereta. É importante que o atleta não ceda e avance

Agachamento frontal

com os quadris antes dos joelhos, pois isso encorajará o corpo a pender para a frente, o que limita muito a habilidade de sustentar o peso. Os joelhos devem parar sobre os dedos para manter cada coxa paralela ao pé correspondente.

Na posição inferior, as articulações dos joelhos devem estar o mais fechadas possível enquanto se mantém a extensão correta da parte inferior da coluna. Quanto mais flexíveis forem os quadris e tornozelos do atleta, mais baixa será essa posição. Se um atleta não puder se abaixar em um agachamento frontal correto, com a profundidade pelo menos abaixo do paralelo, é recomendado que o uso do arremesso seja postergado até que a flexibilidade melhore.

O peso do atleta deve permanecer equilibrado por todo o pé com uma pequena preferência pelo calcanhar. Quando levantar a partir do fundo do agachamento, o atleta deve ser guiado pelos cotovelos e peitoral, forçando a manutenção da parte superior do tronco.

---

1 Agachamento frontal

- Segure a barra na posição de rack (apoio) do primeiro tempo do arremesso
- Contrai o tronco e trave a coluna em uma extensão apropriada
- Dobre os joelhos e os quadris juntos
- Mantenha o equilíbrio levemente para trás do meio do pé
- Retorne sendo guiado pelos cotovelos e peitoral

PASSO 2 Primeiro tempo do arremesso em pé mais agachamento frontal

Quando o atleta se sentir confortável com o agachamento frontal, podemos seguir para o primeiro tempo do arremesso na sua forma mais rudimentar. O atleta executará um primeiro tempo do arremesso em pé mantendo a posição de recebimento momentaneamente e fazendo quaisquer ajustes necessários, como corrigir um posicionamento inapropriado dos pés; depois fará o agachamento frontal a partir dessa posição. Pode-se também começar da posição

2 Primeiro tempo do arremesso em pé mais agachamento frontal

- Primeiro tempo do arremesso em pé (a partir do chão ou da suspensão)
- Reduza a intensidade da explosão para cima e enfatize a puxada para baixo
- Mantenha e ajuste a posição de recepção tanto quanto necessário
- Agachamento frontal da posição de recepção

de rack (apoio) para simplificar esse primeiro passo. Essa é uma opção melhor se o levantamento a partir do chão criar muitas distrações para o atleta e o primeiro tempo do arremesso em pé não estiver sendo bem executado.

A explosão para cima deve ser levemente reduzida em intensidade para permitir ao atleta a oportunidade de focar a puxada para sob a barra.

Primeiro tempo do arremesso pé + agachamento frontal

PASSO 3 Primeiro tempo do arremesso

Para finalizar, o atleta simplesmente removerá a pausa do passo anterior; a execução do levantamento deve permanecer em essência a mesma. Assim que o atleta encostar a barra nos ombros agachará suavemente até o final. Deve-se reduzir um pouco a força da explosão neste estágio inicial, quando se está usando pesos leves, para se forçar para a puxada para baixo da barra. Entretanto, a mecânica do levantamento não deve mudar.

Quanto mais leve o peso, mais alta será a posição de agachamento em que o atleta estará quando a barra atingir a posição de rack (apoio) sobre os ombros; conforme a carga aumenta, também aumentará a profundidade do agachamento no ponto em que a barra está sustentada. O atleta precisa praticar o encontro da barra com os ombros a qualquer altura que seja elevada e imediatamente descer com suavidade na posição do agachamento. É importante que o atleta não caia por baixo da barra e permita que ela desabe nos ombros.

Primeiro tempo do arremesso

C primeiro tempo do arremesso pode inicialmente ser executado a partir da posição de suspensão para simplificar o movimento e permitir o foco no novo elemento do agachamento. Um movimento combinado de um primeiro tempo do arremesso em suspensão mais um primeiro tempo do arremesso pode ser executado para facilitar a transição para o primeiro tempo do arremesso.

3 Primeiro tempo do arremesso

- Execute a mesma puxada usada no primeiro tempo do arremesso em pé
- Puxe-se para baixo da barra com os braços depois de explodir com as pernas e quadris
- Desça na posição de agachamento assim que se puxar para baixo e gire os cotovelos em volta da barra
- Retorne do agachamento guiado pelos cotovelos e peitoral

ARRANQUE

O arranque é o levantamento final na progressão por duas razões simples: é o de técnica mais complexa e, mais importante, demanda mais flexibilidade do que qualquer outro levantamento. Por isso, o arranque pode ser o mais inacessível para muitas pessoas. Ele de fato oferece benefícios únicos, mas, para muitos atletas, esses benefícios não valem o tempo e energia necessários para

O segundo tempo do arremesso

se preparar em termos de mobilidade para executar o levantamento de forma segura e apropriada.

PASSO 1 Agachamento de arranque

O atleta precisará aprender primeiro o agachamento de arranque na sua profundidade máxima (assim como demonstrar a mobilidade

1 Agachamento de arranque

- Empurre a barra até a posição apropriada sobre a cabeça partindo da parte de trás do pescoço
- Agache lentamente com a postura ereta e a parte de cima das costas tracionadas
- Retorne empurrando contra a barra e seguindo-a com o corpo

para fazê-lo) antes de aprender o arranque. Com a mesma pegada do arranque em pé e a barra atrás do pescoço, o atleta empurrará a barra para a posição acima da cabeça aprendida no arranque de pé. Assegurando-se de que os pés estão na postura apropriada de agachamento, agachará lentamente até embaixo, mantendo o tronco ereto, continuando a retrair com firmeza as escápulas e empurrando a barra direto para cima sobre a base do pescoço. A estabilidade e a consistência da posição sobre a cabeça são críticas.

Do ponto mais baixo do agachamento, o atleta retrocederá empurrando para cima contra a barra e seguindo o movimento com o corpo. Isso ajudará a manter a barra posicionada apropriadamente, assim como ajudará a evitar que o atleta direcione com os quadris e tombe para a frente enquanto levanta.

Se o atleta é incapaz de se sentar na posição de agachamento de arranque, com a barra na posição apropriada sobre a cabeça e com os pés chatos e balanceados, em uma profundidade no mínimo abaixo do paralelo, é recomendado que o arranque seja adiado até que a flexibilidade esteja melhor.

Agachamento de arranque

PASSO 2 Arranque em pé mais agachamento de arranque

O arranque inicial será simplesmente a combinação de um arranque em pé e uma posição de agachamento de arranque. O atleta pode começar com um arranque em pé em suspensão se precisar simplificar.

Na sequência do arranque em pé, o atleta manterá uma posição de agachamento parcial de recebimento e fará quaisquer ajustes necessários, por exemplo a postura do agachamento, depois agachará diretamente até o ponto mais baixo. Conforme o atleta pratica, a consistência da posição de recebimento melhorará e menos a ustes serão necessários.

A explosão para cima do levantamento deve ser um pouco reduzida na intensidade para permitir ao atleta focar se puxar para baixo da barra.

Arranque em pé + agachamento de arranque

2 Arranque em pé mais agachamento de arranque

- Arranque em pé (em suspensão ou a partir do chão)
- Reduza a intensidade da explosão para cima e enfatize a puxada para baixo
- Mantenha e ajuste a posição de recebimento de acordo com a necessidade
- Faça o agachamento de arranque a partir da posição de recebimento

PASSO 3 Arranque

Finalmente, o atleta executará o arranque se puxando mais para baixo da barra e agachando imediatamente como parte do mesmo movimento, em vez de uma ação subsequente.

Arranque

Atletas costumam se sair melhor iniciando a partir da suspensão, uma vez que isso não apenas reduz os elementos em que precisam pensar mas também os permitem elevar menos a barra, o que os forçará a serem mais agressivos na puxada para baixo da barra em uma posição mais baixa de recebimento.

Assim como no primeiro tempo do arremesso, quando estiver começando e trabalhando com cargas leves, o atleta precisará reduzir um pouco a potência de explosão para cima e focar a puxada para baixo em uma posição de recebimento mais profunda.

Os atletas precisarão ser pacientes com o arranque e esperar até que a barra esteja perto da parte superior da coxa para iniciar o esforço explosivo de aceleração. Será comum tentar acelerar muito cedo e até apressar o levantamento diretamente a partir do chão. Executar o arranque inicialmente com uma contagem de dois a três segundos a partir do solo até a parte superior da coxa, antes da explosão final para cima, ajudará a sincronizar o movimento de forma apropriada.

₃ Arranque

- Execute a puxada do arranque em pé
- Puxe-se para baixo da barra com os braços depois de explodir com as pernas e quadris
- Sente-se em um agachamento enquanto se puxa para baixo e golpeia contra a barra
- Retorne do agachamento guiado pela barra

ABAIXAR A BARRA

Quando se executam séries com múltiplas repetições de levantamentos olímpicos, geralmente a parte mais difícil é abaixar a barra entre as repetições. Para levantamentos que começam a partir do chão, isso não é um problema, uma vez que a barra pode ser jogada na plataforma. Para levantamentos que começam a partir da suspensão ou para repetições consecutivas do segundo tempo do arremesso, a barra deve ser abaixada de forma controlada. Existem formas de fazer isso com segurança e relativo conforto que o atleta deve praticar – a única coisa pior do que se machucar fazendo um levantamento é se machucar entre levantamentos.

Arranque e primeiro tempo do arremesso

Quando abaixar a barra de cima da cabeça depois de um arranque, o atleta começará dobrando os braços lentamente e de forma controlada para trazer a barra para baixo em uma altura que será manejável para essa posição. Nesse ponto, virará rapidamente os cotovelos de baixo para cima da barra, mantendo-a tão perto do

Abaixando o arranque ou o arranque em pé

Abaixando o primeiro tempo do arremesso ou o primeiro tempo do arremesso em pé

corpo quanto possível. O primeiro tempo do arremesso começará com essa virada dos cotovelos de baixo para cima da barra. Enquanto os cotovelos viram, ele ou ela subirão sobre os dedos do pé ou saltarão um pouco para encontrar a barra com as coxas, absorvendo a força ao cair sobre os calcanhares e dobrar os joelhos. As coxas também criarão um tipo de suporte para apoiar o peso e reduzir o esforço na pegada. A partir daqui, o peso pode ser baixado da mesma maneira que em um levantamento terra. Para posteriormente reduzir a altura de onde a barra deve cair, o atleta pode optar por flexionar um pouco os joelhos enquanto dobra os cotovelos antes de pular para encontrar a barra.

Em alguns casos de múltiplas repetições do arranque a partir do chão quando se usar faixas (straps) para pegada, o levantador pode optar por baixar a barra antes de ficar de pé até a última repetição. A partir do final da posição de agachamento, isso pode ser feito guiando a barra para frente e para baixo enquanto o atleta começa a se levantar para trazer os quadris para perto da barra. Com início nesse ponto, o restante do movimento é como abaixar a partir da posição sobre a cabeça; isto é, o atleta absorverá o peso da barra com a flexão dos joelhos e derrubará a barra no chão de forma controlada.

Segundo tempo do arremesso

No segundo tempo do arremesso, a barra será trazida de volta para a posição de rack nos ombros pelo atleta, que primeiro a descerá dobrando os braços, depois se elevando na ponta dos pés para levar os ombros ao encontro da barra descendente e absorver a

Abaixando o segundo tempo do arremesso ou o desenvolvimento com arremesso

carga ao retornar os calcanhares e dobrar o joelho, da mesma forma que faria ao abaixar no arranque ou no primeiro tempo do arremesso, mantendo o torso ereto. A partir daqui, a barra pode ser abaixada até o chão como no primeiro tempo do arremesso ou pode ser reposta na posição de rack.

Levantamentos sobre a cabeça também podem ser abaixados para os ombros atrás do pescoço. Isso será mais comum com arranques desenvolvidos ou finais de arranque, mas também podem ser a posição preferida por alguns atletas após terminar uma série de segundos tempos do arremesso, de desenvolvimentos com arranques ou de desenvolvimentos. Esse processo é o mesmo que para abaixar a barra pela frente: o atleta simplesmente precisa manter a cabeça para fora da trajetória, mantendo os ombros tensionados para cima para garantir um apoio muscular em vez de um apoio ósseo e para prevenir a queda do peitoral enquanto o peso da barra é absorvido.

Largar a barra

Largar a barra após um levantamento bem-sucedido não pode ser uma ação descuidada. O levantador deve manter contato com a barra até ela passar a cintura, guiando-a para baixo, afastando-a de forma segura. Essa prática é um esforço para manter a segurança tanto do levantador quanto de outros atletas na proximidade. Tipos diferentes de peso baterão para alturas variáveis quando largados – alguns até muito alto, principalmente quando combinados com a borracha elástica de algumas plataformas de solo – então o levantador deve ter o cuidado de continuar observando a barra conforme é largada e ricocheteada e manter as mãos fora do alcance, para evitar enroscar os dedos ou o pulso no rebote da barra. É importante também se certificar de que a plataforma está livre de quaisquer anilhas extras nas quais a barra pode ricochetear em uma direção inesperada e colidir com o atleta ou com alguém próximo. Do mesmo modo, antes de o levantador largar a barra, deve se certificar de que nenhum outro atleta esteja passando pela área e se posicionando inadvertidamente na trajetória da barra.

ELABORANDO TREINOS

Uma vez que os levantamentos olímpicos ou as variações escolhidas tenham sido aprendidos pelo atleta, podem ser utilizados no treinamento. A primeira prioridade para todos os atletas é treinar com segurança. No que se trata dos levantamentos olímpicos em específico, o treinador e o atleta têm que ser diligentes em evitar o excesso de esforço ou lesões em especial nos punhos, cotovelos, ombros e joelhos. Nada nos levantamentos olímpicos apresenta um perigo inerente, mas uma execução ou um treino inapropriado ou a preparação inadequada dos atletas criam oportunidades para lesões.

No contexto do treinamento atlético, a meta do uso dos levantamentos olímpicos é desenvolver traços atléticos como potência e força; a quantidade de peso efetivamente levantada é, em essência, incidental. Isso não significa que o peso usado nos levantamentos é irrelevante – assim como em qualquer outro exercício, a carga usada influenciará a eficácia do treinamento. A questão que deve ser mantida em mente a todo momento por técnicos e atletas, tanto ao elaborar treinos quanto nos treinamentos, é que a qualidade do movimento tem sempre prioridade sobre a quantidade de peso movimentado. Ao manter essa perspectiva, o atleta se beneficiará o máximo possível com o uso dos levantamentos assim como evitará situações que criam oportunidades desnecessárias para lesões.

Atletas e a técnica do levantamento de peso

No mundo do levantamento de peso competitivo, existe apenas uma meta: arrancar e arremessar o máximo de peso possível. Para esse fim, o levantador frequentemente adota certas técnicas e práticas para maximizar essa habilidades que podem ser inapropriadas para atletas treinando outros esportes. Ao determinar como ensinar os levantamentos ao atleta, é preciso manter em mente o que exatamente está tentando se alcançar.

O foco primário é no desenvolvimento da explosividade das extensões da perna, quadris e a habilidade de absorver força de forma segura e eficiente. Qualquer estilo técnico que coloque muita ênfase na extensão dos quadris ou na extensão das pernas e esteja de acordo com outros limites do desenvolvimento de traços atléticos melhorará a performance esportiva.

O estilo técnico apresentado nesse livro não é sempre idêntico ao que ensino para meus próprios levantadores de pesos competitivos, mas é pensado especificamente para que atletas fora do mundo de levantamento de peso possam obter máxima produtividade. Isso deve ser mantido em mente se em algum momento for comparar a performance dos levantamentos feitos por você ou por seus atletas com os feitos por levantadores de peso profissionais.

Exercícios relacionados e substituições

A seguir estão alguns exercícios que complementarão os levantamentos olímpicos no treinamento ou, em alguns casos, que os substituirão se por qualquer motivo os levantamentos clássicos ou suas variações mais diretas não forem acessíveis.

Puxada de primeiro tempo do arremesso e puxada de arranque

Tirando os levantamentos competitivos e os agachamentos, as puxadas de primeiro tempo do arremesso e de arranque são os exercícios de treinamento mais comuns no levantamento de peso. Para o atleta, elas podem oferecer alguns dos efeitos do treinamento dos levantamentos olímpicos, mas também possuem benefícios próprios.

A puxada é simplesmente a fase do primeiro tempo do arremesso ou do arranque em que o atleta puxa a barra do solo e finaliza com uma extensão completa dos joelhos e quadris – isto é, um arranque ou um primeiro tempo do arremesso sem a tentativa de se puxar para baixo da barra. Por isso podem ter a carga mais pesada que nos arranques ou nos arremessos e também podem ser feitas de algumas formas diferentes para obter efeitos variados.

Os benefícios primários das puxadas são o fortalecimento e o desenvolvimento de explosividade nas pernas e quadris, o desenvolvimento de massa e força da parte de cima das costas e, se não forem utilizadas faixas (straps), o fortalecimento da pegada. Puxadas altas também ajudarão a desenvolver força e massa nos braços e ombros junto com a parte superior das costas.

Puxadas também podem ser feitas de diferentes posições de suspensão ou iniciadas sobre blocos. Por exemplo, puxadas de primeiro tempo do arremesso a partir de blocos na altura dos joelhos permitirão ao atleta treinar a explosividade nos quadris e joelhos com cargas mais pesadas, mesmo se ele ou ela não forem flexíveis o suficiente para levantar apropriadamente a partir do solo ou para executar o primeiro tempo do arremesso com uma carga razoável.

Foto acima: puxada de primeiro tempo do arremesso
Foto abaixo: puxada de arranque

O atleta iniciará na posição inicial do primeiro tempo do arremesso ou do arranque. Depois de firmar a posição, empurrará com as pernas para começar a mover a barra, mantendo as costas arqueadas e continuando a puxar a barra para trás em direção ao corpo. Assim que a barra alcançar o meio da parte superior da coxa, o atleta explodirá os quadris enquanto continua a empurrar forte o chão com as pernas. Esse empurrão com as pernas continuará até a barra parar de mover para cima. No topo da extensão dos joelhos e quadris, o atleta pode encolher os ombros para dar à barra um lugar para ir. Puxadas de arranque serão mais difíceis para as pernas por causa da posição inicial mais baixa, mas também permitirão mais velocidade no topo devido ao posicionamento da barra nos quadris.

Atletas podem usar faixas de pegada quando executam puxadas para garantir que a pegada não seja um limitador para o peso e a velocidade do exercício.

Foto acima: puxada alta de primeiro tempo do arremesso
Foto abaixo: puxada alta de arranque

Puxada alta de primeiro tempo do arremesso e puxada alta do arranque

As puxadas altas se diferem das puxadas apenas no momento final, depois dos joelhos e quadris terem terminado de se estender. Em vez de apenas encolher os ombros no topo, o atleta puxará ativamente com os braços, levantando os cotovelos para o alto e para os lados como faria quando se puxa o corpo para baixo no primeiro tempo do arremesso, mas aqui as pernas continuarão empurrando o chão e, portanto, os braços puxarão a barra para cima. Obviamente o atleta não será capaz de usar tanto peso nas puxadas altas quanto nas puxadas padrões.

Segundo tempo do arremesso atrás do pescoço

Todos os exercícios relacionados ao segundo tempo do arremesso podem ser executados com a barra iniciando atrás do pescoço. Isso oferece uma posição de rack (apoio) forte, estável e confortável e

Segundo tempo do arremesso por trás do pescoço

muitos atletas serão capazes de levantar mais peso a partir dessa posição do que seriam pela frente. Os segundos tempos do arremesso atrás do pescoço podem também ser mais acessíveis para atletas com flexibilidade limitada nos pulsos contudo, requererão uma boa mobilidade nos ombros. Quando executar múltiplas repetições, o atleta precisa ser cuidadoso ao baixar a barra para trazê-la para os trapézios em vez de para o pescoço.

Agachamento com salto

Facilmente o exercício de explosividade mais simples com carga é o agachamento com salto, para o qual existem muitas variações. Primeiramente, o agachamento com salto pode ser feito a partir de diferentes profundidades de agachamentos. O mais comum é o agachamento parcial, que será mais similar à mecânica de um salto; o menos comum, mas também útil, é o agachamento completo com a tentativa de acelerar diretamente

Foto acima: um quarto de agachamento com salto com a barra
Foto abaixo: agachamento completo com salto com anilhas

do ponto mais baixo. O exercício também pode ser feito com um início estático na parte de baixo ou como um contra-movimento começando em uma posição em pé. A carga para o agachamento com salto não será extremamente pesada – a meta é a explosividade, e não força.

O agachamento com salto pode receber carga de várias maneiras. A mais simples é a barra na posição de agachamento livre com barra. Essa deve ser reservada para pesos leves ou para atletas mais experientes que são bons em estabilizar o tronco. A barra precisa estar ativamente puxada pelos braços nos trapézios para evitar que ela mude de direção e ricochete.

O atleta pode também segurar um par de anilhas nos ombros ou no comprimento dos braços ou usar uma barra para trapézio. Se usar a barra para trapézio, o atleta não deve usar as faixas de pegada, pois pode ser necessário largar rapidamente a barra.

O básico sobre a elaboração de planos de treinos/séries

Uma discussão completa sobre elaboração de planos de treinos de fortalecimento e condicionamento atlético está muito além do escopo deste livro. Atletas e técnicos precisam elaborar uma programação que seja apropriada tanto para suas modalidades esportivas quanto para o indivíduo em questão. A meta aqui é dar ao leitor um ponto de partida para incorporar com eficiência os levantamentos olímpicos nos seus planos de treinamento.

Séries e repetições

Na maioria das vezes, os levantamentos olímpicos devem ser feitos com três ou menos repetições. Depois de três repetições, a fadiga, tanto mental quanto física, normalmente começará a afetar de forma negativa a técnica e a velocidade do levantamento. Um volume maior pode ser atingido com mais séries para preservar mais a qualidade do levantamento. O número de séries dependerá da meta para o exercício, do volume total de treinamento apropriado para o atleta naquele momento e da carga. Falando de forma geral, de cinco a dez séries com o peso de treinamento será o apropriado.

Intensidade

Intensidade se refere ao percentual em relação a 1 Repetição Máximo (1RM) de peso do atleta no exercício. A maioria dos atletas não terão estabelecido 1RM para os levantamentos olímpicos, assim, prescrever porcentagens não será possível. Entretanto, porcentagens ainda podem ser usadas como guias para o esforço.

A produção máxima de potência ocorre na faixa dos 70 a 80% de 1RM, em que existe o balanço ideal entre velocidade e carga. Cargas mais pesadas reduzem a velocidade do movimento e a potência; cargas leves não oferecem resistência o suficiente para uma potência significativa. Isso não significa que uma carga fora dessa faixa não tenha utilidade; ela pode ser usada para atingir outras metas, como treino de técnica ou velocidade ou elevar o limite do espectro de força.

Frequência

A quantidade de vezes que um atleta executa os levantamentos olímpicos pode variar consideravelmente dependendo do esporte, do momento da temporada, da experiência no treinamento e dos seus pontos fortes e fracos. Dois dias por semana pode ser considerado uma frequência padrão para a maioria dos atletas. Um desses dias pode ser com carga mais pesada e outro pode ser com mais leve, com foco na velocidade; ou um dia pode ser de levantamentos voltados para a puxada, como o primeiro tempo do arremesso em pé, e outro dia pode ser voltado para levantamentos de pressão (que empurram), como o segundo tempo do arremesso em pé.

Trabalho de força

Os exercícios básicos de força, como o agachamento livre com barra, o agachamento frontal, o levantamento terra, o desenvolvimento, o supino, a barra fixa e a remada, geralmente não devem ser substituídos pelos levantamentos olímpicos, apesar de eles poderem ocupar um pouco do volume originalmente previsto para treinamentos complementares ou para um volume excessivo de exercícios de força.

Progressão

A forma como a carga e o volume progridem pelo ciclo de treinamento dependerá de uma série de fatores, como a duração do ciclo, o momento na temporada competitiva e as habilidades do atleta. Uma boa regra é aumentar a carga por no máximo três semanas por vez antes de inserir uma semana regenerativa, com a carga um pouco reduzida e com uma redução significativa do volume.

Dependendo de como o ciclo é montado, as séries e repetições podem permanecer as mesmas ou bem parecidas enquanto a carga aumenta; o mais comum é que o volume seja reduzido conforme a carga aumenta, basicamente pela redução do número de repetições por série. Para ciclos longos, o volume pode permanecer aproximadamente o mesmo em um dado bloco de três a quatro semanas de treinamento e depois ser reduzido em cada bloco subsequente. Por exemplo, em um ciclo de 12 semanas, o atleta pode executar seis repetições no agachamento no primeiro bloco de quatro semanas, quatro repetições no segundo e dois a três nas quatro semanas finais (isso ignorando a semana regenerativa nesses blocos de quatro semanas na qual as repetições provavelmente serão reduzidas), com a carga aumentando nas primeiras três semanas de cada bloco e depois reduzindo um pouco durante a quarta semana.

Outro modo simples e comum de modular a intensidade e o volume é aumentar o peso por duas semanas, inserir uma semana regenerativa e então empurrar os pesos para o esforço máximo ou próximo do máximo na quarta semana. Essa progressão também funcionará no ciclo de 12 semanas descrito acima e, nesse caso, a semana final pode ser usada para testar as repetições com peso máximo.

MODELO DE TRÊS DIAS DE TREINO DE LEVANTAMENTO OLÍMPICO

Dia	Tipo de exercício	Exercícios	Séries	Rep.
1	Agachamento	Agachamento livre com barra ou frontal	3 a 6	3 a 6
	Levantamento olímpico pesado	Primeiro tempo do arremesso em pé, primeiro tempo do arremesso	5 a 10	1 a 3
2	Levantamentos olímpicos voltados para o empurrão	Segundo tempo do arremesso em pé, segundo tempo do arremesso técnico	5 a 10	1 a 3
	Empurrar com a parte superior do corpo	Supino, desenvolvimento	3 a 6	5 a 8
	Puxada com a parte superior do corpo	Remada, barra fixa com carga	3 a 6	5 a 8
3	Levantamento olímpico leve	Arranque em pé em suspensão, primeiro tempo do arremesso em pé/em suspensão, arranque em pé, primeiro tempo do arremesso em pé	5 a 10	2 a 3
	Puxada pesada*	Puxada de arranque, puxada de primeiro tempo de arremesso, levantamento terra	3 a 6	2 a 5

* A partir do solo, blocos ou sustentação

GREG EVERETT

MODELO DE DOIS DIAS DE TREINO DE LEVANTAMENTO OLÍMPICO

Dia	Tipo de exercício	Exercícios	Séries	Rep.
1	Levantamento olímpico leve ou orientado para o empurrão	Arranque em pé em suspensão, primeiro tempo do arremesso em pé em suspensão, arranque em pé, primeiro tempo do arremesso em pé, segundo tempo do arremesso em pé, segundo tempo do arremesso técnico	5 a 10	2 a 3
	Agachamento	Agachamento livre com barra, agachamento frontal	3 a 6	3 a 6
2	Levantamento olímpico pesado	Primeiro tempo do arremesso em pé, primeiro tempo do arremesso	5 a 10	1 a 3
	Empurrão com a parte superior do corpo	Supino, desenvolvimento	3 a 6	5 a 8
	Puxada com a parte superior do corpo	Remada, barra fixa com carga	3 a 6	5 a 8

Exemplos de treinos/séries

Na sequência, estão dois exemplos de treinos elaborados com o que é pertinente para o levantamento olímpico dentro de um treino global. Esses exemplos incluem apenas os levantamentos olímpicos e algum trabalho básico de força; eles não são planejados para serem um plano completo de treinamento, embora cada um deles funcione com eficácia como um plano reduzido para o atleta com tempo de treinamento ou capacidade de regeneração limitados.

O modelo final é um exemplo de um ciclo de treinamento completo de 12 semanas sem incluir condicionamento e treinamentos específicos das modalidades esportivas. Essa é uma demonstração simples de uma forma de prescrever pesos, séries e repetições. A progressão básica foi usada com sucesso no centro de treinos Catalyst Athletics em várias iterações. Para a maioria dos atletas em modalidades que não usam força, um plano de treino de fortalecimento não precisa ser complicado em excesso e, em tais casos, a simplicidade torna o trabalho do técnico mais fácil e frequentemente mais eficaz do que seria com um plano de treino mais complicado.

Modelo de um treino completo

O treino a seguir é um exemplo de uma seleção de exercícios e séries, repetições e intensidade prescritos no decorrer de um ciclo de treinamento de 12 semanas. Esse modelo básico pode ser encurtado, estendido ou modificado de alguma forma com muita facilidade. Exercícios diferentes podem ser usados no lugar do que é prescrito aqui para direcionar para necessidades individuais do atleta, ou variações dos levantamentos olímpicos podem ser mudadas para se adequarem à atual habilidade e mobilidade do atleta (por exemplo, trocar o primeiro tempo do arremesso em pé pelo primeiro tempo do arremesso em pé em suspensão ou substituir o arranque pelo primeiro tempo do arremesso).

O condicionamento e o treino das habilidades específicas de cada esporte costumam ser colocados com um volume maior nos dias entre os de fortalecimento e, dependendo do esporte, do atleta e da atividade, podem muito bem ser feitos antes ou depois dos de fortalecimento.

Exercícios abdominais são feitos todos os dias de treinamento. É recomendado alternar entre tipos diferentes de exercícios abdominais em cada sessão para garantir um desenvolvimento completo e manter os atletas mais engajados com a variedade. Os exercícios abdominais podem ser separados em categorias básicas como flexão do tronco, flexão lateral do tronco, rotação do tronco e exercícios isométricos. Normalmente três a cinco séries com dez a trinta repetições são o suficiente, a menos que o atleta seja particularmente fraco nesse ponto. Nesses casos, pranchas podem ser uma boa ideia para cada seção antes de qualquer outro exercício abdominal.

Exercícios complementares para a parte superior do corpo também podem variar a cada semana e normalmente pode ser permitido ao atleta escolhê-los; entretanto, é uma boa ideia ficar de olho no atleta para ter certeza de que ele simplesmente não faça sempre os exercícios de que mais gosta, porque esses geralmente são os de que ele menos precisa. Esses exercícios devem ser escolhidos para trabalhar hipertrofia ou músculos pequenos ou movimentos de força. Por exemplo, um atleta com pouca estabilidade nas escápulas deve escolher exercícios de puxada na parte superior que envolvam retração das escápulas.

O plano mostra testes para 1RM em alguns exercícios. Isso deve ser feito com muito critério. Se um atleta não é tecnicamente sólido o suficiente para um levantamento com esforço máximo, pode-se no lugar disso executar de três a cinco séries de um único levantamento pesado.

Em casos em que não há pesos determinados, os números são séries × repetições (por exemplo, 3×8 significa 3 séries de 8 repetições). Em casos em que o peso é determinado, os números são peso (ou porcentagem) × repetições × séries (por exemplo, $65\% \times 8 \times 3$ significa 3 séries de 8 repetições com 65%).

Note que, apesar de serem prescritas porcentagens, na maioria dos casos podem ser necessários ajustes para certos atletas baseado em como eles se adaptam a esse tipo de treinamento, quão precisas são as 1RMs usadas para o cálculo e quão sólidos tecnicamente são os levantamentos deles. Em alguns casos, o atleta não terá estabelecido 1RM em um dado exercício. Nessas situações, as porcentagens podem ser usadas como guias para o nível desejado de esforço e mostrarão a progressão básica da intensidade no decorrer do ciclo. Se o atleta tem proficiência técnica o suficiente, poderá testar a 1RM no final de cada ciclo para usar no próximo.

MODELO DE PROGRAMA DE 12 SEMANA

	Semana 1	Semana 2	Semana 3	Semana 4	Semana 5	Semana 6
Dia 1						
Primeiro tempo do arremesso em pé	70% x 3 x 8	75% x 3 x 6	80% x 2 x 8	85% x 2 x 6	90% x 1 x 5	Teste 1RM
Agachamento costas	65% x 8 x 3	75% x 5 x 4	80% x 4 x 4	85% 3 x 3	90% x 1 x 3	Teste 1RM
Levantamento terra com perna parada	3 x 8	3 x 8	3 x 6	3 x 6	3 x 5	3 x 5
Exercício complementar de puxada para a parte superior do corpo	3-5 x 8-12	3-5 x 8-12	3-5 x 8-12	3-5 x 8-12	3-5 x 8-12	3-5 x 8-12
Abdominais	3-5 x 10-30	3-5 x 10-30	3-5 x 10-30	3-5 x 10-30	3-5 x 10-30	3-5 x 10-30
Dia 2						
Segundo tempo do arremesso em pé atrás do pescoço	70% x 3 x 8	75% x 3 x 6	80% x 2 x 8	85% x 2 x 6	90% x 1 x 5	Teste 1RM
Supino	65% x 8 x 3	75% x 5 x 4	80% x 4 x 4	85% 3 x 3	90% x 1 x 3	Teste 1RM
Remada	4 x 8	4 x 8	4 x 6	4 x 6	3 x 5	3 x 5
Exercício complementar de puxada e empurrão para a parte superior do corpo – na vertical	3-5 x 8-12	3-5 x 8-12	3-5 x 8-12	3-5 x 8-12	3-5 x 8-12	3-5 x 8-12
Abdominais	3-5 x 10-30	3-5 x 10-30	3-5 x 10-30	3-5 x 10-30	3-5 x 10-30	3-5 x 10-30
Dia 3						
Arranque em pé em suspensão	70% x 3 x 8	75% x 3 x 6	80% x 2 x 8	85% x 2 x 6	90% x 1 x 5	Teste 1RM
Puxada de primeiro tempo de arremesso	5 x 5	5 x 5	5 x 4	5 x 4	5 x 3	5 x 3
Bom dia	3 x 8	3 x 8	3 x 6	3 x 6	3 x 5	3 x 5
Estocada	3 x 10	3 x 10	3 x 10	3 x 8	3 x 8	3 x 8
Exercício complementar de empurrão para a parte superior do corpo	3-5 x 8-12	3-5 x 8-12	3-5 x 8-12	3-5 x 8-12	3-5 x 8-12	3-5 x 8-12
Abdominais	3-5 x 10-30	3-5 x 10-30	3-5 x 10-30	3-5 x 10-30	3-5 x 10-30	3-5 x 10-30

MODELO DE PROGRAMA DE 12 SEMANAS

	Semana 7	Semana 8	Semana 9	Semana 10	Semana 11	Semana 12
Dia 1						
Primeiro tempo do arremesso em pé	70% x 3 x 8	75% x 3 x 6	80% x 2 x 8	85% x 2 x 6	90% x 1 x 5	Teste 1RM
Agachamento frente	65% x 6 x 4	75% x 5 x 4	80% x 4 x 4	85% 3 x 3	90% x 1 x 3	Teste 1RM
Levantamento terra com perna parada	3 x 5	3 x 5	3 x 5	3 x 5	2 x 5	2 x 5
Exercício complementar de empurrão para a parte superior do corpo	3-5 x 8-12	3-5 x 8-12	3-5 x 8-12	3-5 x 8-12	3-5 x 8-12	3-5 x 8-12
Abdominais	3-5 x 10-30	3-5 x 10-30	3-5 x 10-30	3-5 x 10-30	3-5 x 10-30	3-5 x 10-30
Dia 2						
Segundo tempo do arremesso técnico	70% x 3 x 8	75% x 3 x 6	80% x 2 x 8	85% x 2 x 6	90% x 1 x 5	Teste 1RM
Supino	65% x 8 x 3	75% x 5 x 4	80% x 4 x 4	85% 3 x 3	90% x 1 x 3	Teste 1RM
Barra fixa com peso	4 x 10	4 x 8	5 x 6	4 x 6	3 x 5	3 x 3
Exercício complementar de puxada e empurrão para a parte superior do corpo – na horizontal	3-5 x 8-12	3-5 x 8-12	3-5 x 8-12	3-5 x 8-12	3-5 x 8-12	3-5 x 8-12
Abdominais	3-5 x 10-30	3-5 x 10-30	3-5 x 10-30	3-5 x 10-30	3-5 x 10-30	3-5 x 10-30
Dia 3						
Arranque	70% x 3 x 8	75% x 3 x 6	80% x 2 x 8	85% x 2 x 6	90% x 1 x 5	Teste 1RM
Puxada alta de primeiro tempo de arremesso	5 x 5	5 x 5	5 x 4	5 x 4	5 x 3	5 x 3
Bom dia	3 x 5	3 x 5	3 x 5	3 x 5	3 x 5	3 x 5
Estocada	3 x 10	3 x 10	3 x 10	3 x 8	3 x 8	3 x 8
Exercício complementar de puxada para a parte superior do corpo	3-5 x 8-12	3-5 x 8-12	3-5 x 8-12	3-5 x 8-12	3-5 x 8-12	3-5 x 8-12
Abdominais	3-5 x 10-30	3-5 x 10-30	3-5 x 10-30	3-5 x 10-30	3-5 x 10-30	3-5 x 10-30

FLEXIBILIDADE

Inflexibilidade nos tornozelos, quadris, coluna, ombros e pulsos são limitadores da habilidade do atleta de executar levantamentos olímpicos e criam oportunidades desnecessárias para lesões. Entretanto, com um tempo de treinamento limitado e tantos outros traços atléticos precisando de desenvolvimento, junto com alongamentos que já têm características gerais desagradáveis, a flexibilidade é com frequência negligenciada por atletas e técnicos.

A meta para o técnico e o atleta é abordar a flexibilidade conforme ela for necessária com o menor comprometimento de tempo possível. Limitar o tempo de comprometimento significa tanto manter a quantidade de tempo dedicada aos exercícios de flexibilidade em uma dada sessão de treinamento o menor possível para ser eficiente quanto assegurar que melhorias serão feitas o mais rápido possível para permitir a redução dos exercícios de flexibilidade no decorrer do progresso da carreira do atleta. Toma muito menos tempo manter qualquer nível de flexibilidade do que alcançá-lo.

Idealmente, a flexibilidade é desenvolvida bem no começo do processo de evolução atlética junto com outros traços físicos gerais que criam a fundamentação para a especialização atlética, mas a maioria dos atletas chegará em um plano de treinamento com a flexibilidade abaixo do ideal. Isso precisa ser abordado junto com outros elementos de treinamento para assegurar um treino seguro e o desenvolvimento máximo.

Flexibilidade ideal

Cada atleta requererá certo grau de mobilidade em cada articulação para melhorar a performance no esporte escolhido. A demanda de flexibilidade pode variar muito entre os esportes, e flexibilidade excessiva é apenas um pouco menos problemática que flexibilidade inadequada. Técnicos precisarão determinar o que é apropriado para seus atletas baseando-se nos requisitos do esporte.

Especificamente para executar os levantamentos olímpicos, é preciso ser capaz de alcançar com segurança e conforto as posições apropriadas a seguir:

- Agachamento frontal (abaixo no paralelo no mínimo);
- Agachamento de arranque (abaixo ro paralelo no mínimo);
- Posição de rack (apoio) do segundo tempo do arremesso;
- Posição acima da cabeça no segundo tempo do arremesso (em pé e técnico);
- Posição inicial do arranque e do primeiro tempo do arremesso.

Agachamento frontal

Para executar com segurança o primeiro tempo do arremesso, o atleta tem que ser capaz de se sentar em uma posição de agachamento frontal estruturalmente sólida com uma profundidade no mínimo imediatamente abaixo do paralelo. O ideal é o atleta conseguir atingir a profundidade máxima no agachamento frontal (isto é, fechar completamente a articulação do joelho), mas, para a maioria dos atletas de outros esportes que não o levantamento de peso, isso está além da expectativa razoável. Para atletas que executarão apenas o primeiro tempo do arremesso em pé, a posição

Agachamento frontal

necessária para o agachamento frontal será apenas um agachamento parcial (acima do paralelo). Independentemente da profundidade necessária, a posição de rack (apoio) da barra deve ser tão sólida quanto. Isso significa que a barra é sustentada diretamente pelo tronco nos ombros, e não pelas mãos e braços. Com o pé inteiro no chão e o levantador equilibrado, a parte inferior das costas tem que estar estendida e o tronco ereto.

Agachamento de arranque

Para executar o arranque, o atleta tem que ser capaz de alcançar uma posição de agachamento de arranque estruturalmente sólida com a profundidade ao menos abaixo do paralelo. A flexibilidade inadequada nessa posição deixa o atleta vulnerável a possíveis lesões, em especial nos ombros, cotovelos e pulsos. Para atletas que executarão apenas os arranques em pé, a posição de agachamento de arranque necessária será apenas a parcial (acima do paralelo). Com os pés inteiros no chão e o levantador equilibra-do, a parte inferior da coluna deve estar

Agachamento de arranque

estendida, o tronco ereto, as omoplatas retraídas, os cotovelos completamente estendidos e a barra sobre a base do pescoço.

Posição de rack (apoio) do segundo tempo do arremesso

Para o atleta executar um segundo tempo do arremesso ou um desenvolvimento com arremesso eficaz, é necessária uma posição sólida da barra sobre os ombros com os braços em uma posição boa para pressionar contra a bar-

Posição de sustentação do segundo tempo do arremesso

ra. Essa posição também reduzirá o esforço dos pulsos e cotovelos. Os ombros têm de estar empurrados para a frente e levemente para cima, com a barra descansando solidamente no topo; a barra deve estar o mais profundo possível nas palmas e os cotovelos abertos para os lados e um pouco à frente da barra.

Posição acima da cabeça do segundo tempo do arremesso

O atleta tem que ser capaz de alcançar uma posição sólida ou na posição de recebimento técnico ou em pé (dependendo da variação que é utilizada), com uma pegada de segundo tempo de arremesso para garantir a segurança em especial dos ombros, cotovelos, pulsos e da parte inferior da coluna. A barra deve estar sobre a base do pescoço com as escápulas retraídas e os cotovelos completamente estendidos.

Posição acima da cabeça do segundo tempo do arremesso

Posição inicial do arranque e do primeiro tempo do arremesso

Se o atleta for puxar arranques ou primeiros tempos do arremesso a partir do chão, a flexibilidade para estabelecer o arqueamento correto da coluna e os ângulos apropriados dos joelhos e

Esquerda: posição inicial do primeiro tempo do arremesso; direita: posição inicial do arranque

quadris é necessária para um levantamento seguro e eficaz. Com os pés completamente no chão e a barra sobre as pontas dos pés, o atleta deve ser capaz de arquear a coluna com os ombros diretamente sobre a barra e levemente à frente dela.

Mobilidade *versus* Flexibilidade

Uma vez que o atleta atingiu o grau de flexibilidade necessário através do alongamento estático, de forma geral será possível mantê-lo com pouco ou nenhum alongamento estático. Executar os movimentos em sua amplitude completa, junto com o trabalho dinâmico de mobilidade durante os aquecimentos, manterá muito bem a amplitude necessária de movimento. Uma exceção notável para isso são os períodos de treinamento pesado, com grande volume, especialmente com um considerável componente hipertrófico. O crescimento muscular decorrente, a dor e a rigidez podem voltar a reduzir a flexibilidade com o passar do tempo se o atleta falhar em mantê-la. É recomendado que, durante tais períodos de treinamento, o atleta volte a executar alongamentos estáticos o suficiente no final das sessões de treino para manter a flexibilidade.

O tempo de alongamento

Com exceção dos alongamentos selecionados, que devem ser feitos antes do treinamento para permitir ao atleta alcançar posições seguras de levantamento, o alongamento estático deve ser reservado para o período pós-treino para prevenir qualquer rompimento temporário de nervos que possa reduzir a potência ou a propriocepção durante o treino. Uma vez que os alongamentos são selecionados para um atleta, uma ordem ideal de execução deve ser determinada para permitir um fluxo natural de alongamento para alongamento para maximizar a economia de tempo. Isso minimizará o tempo investido para permitir o encaixe em cronogramas apertados de treinamento e tornará mais provável que o atleta continue com o plano de flexibilidade.

Outro método para minimizar o tempo exigido pelo alongamento é executar certos alongamentos entre séries de exercícios de levantamento. Isso deve ser feito com critério para evitar alongar os músculos de formas que atrapalhem a próxima série. A menos que o alongamento seja necessário para melhorar a posição do atleta no exercício em questão (e, em tais casos, deveria ter sido feito antes do exercício, e não durante), é geralmente sábio alongar partes do corpo não relacionadas. Por exemplo, executar um alongamento da cintura escapular entre séries de agachamentos ocupará tempo, mas não criará qualquer problema em potencial pela execução do alongamento estático de músculos que não precisarão gerar força imediatamente.

Alongamentos

Os alongamentos a seguir foram selecionados pela sua simplicidade e eficiência. Eles não são, de forma alguma, os únicos alongamentos para abordar os grupos musculares em questão, mas serão o suficiente para a maioria dos atletas. Se for determinado que alongamentos adicionais serão necessários, atletas e técnicos devem se sentir encorajados a experimentar para encontrar o que funcionará melhor.

Alongamentos estáticos podem ser mantidos por vinte a sessenta segundos conforme necessidade. Alongamentos Facilitação Neuromuscular Proprioceptivo (FNP) podem ser executados quando possível para acelerar os resultados depois de segurar um alongamento inicial por vinte a trinta segundos, o atleta ativará isometricamente o músculo que está sendo alongado com algo em torno de 20% de esforço contra a resistência por cinco a seis segundos, então relaxará e aumentará o alongamento gentilmente por cinco a seis segundos. Essa alternância contração-relaxamento deve ser repetida cinco a seis vezes e então seguida por um alongamento estático final por vinte a trinta segundos.

Os alongamentos estão agrupados de acordo com as posições em que podem ser usados para melhorar. Note, é claro, que existe cruzamento entre alguns deles. Leve em conta também que certas posições envolvem mais de um grupo. Por exemplo, o agachamento de arranque requer uma flexibilidade relacionada ao agachamento junto com uma relacionada à posição sobre a cabeça.

Agachamento e posição inicial

Os alongamentos a seguir ajudarão a aumentar a flexibilidade principalmente dos tornozelos e quadris, o que permitirá ao atleta agachar mais fundo e com a postura apropriada, assim como estabelecer uma posição inicial sólida para o arranque e o primeiro tempo do arremesso com a extensão apropriada das costas.

Alongamento de tornozelo

Sentado em uma posição de agachamento, apoie os antebraços em um joelho para fechar o tornozelo. Mantenha o pé inteiro no chão. Se os tornozelos são muito inflexíveis, essa posição pode não ser acessível; uma alternativa é executar o alongamento a partir de uma posição de estocada.

Esquerda: alongamento de tornozelo agachado; Direita: alongamento de tornozelo posição de estocada

"Russian Baby Maker" (Alongamento para os quadris)

Com os pés um pouco mais abertos do que na postura normal de agachamento e os pés virados apenas um pouco para fora, coloque as mãos no topo dos pés, dobre os braços e empurre os cotovelos

Russian baby maker

contra a parte interior das coxas o mais profundamente possível em direção aos quadris. Empurre os cotovelos para fora conforme você se senta nos braços, forçando as coxas no ponto onde elas se ligam aos quadris. Lembre-se de que esse alongamento não é feito abrindo os joelhos, mas abrindo os quadris.

Spiderman Lunge (Alongamento para os adutores)

Dê um passo longo de estocada e se incline para empurrar o
tronco tão para baixo da perna
da frente quanto possível. Empurre os quadris para baixo junto com o peito. Dobrar menos
o joelho da frente aumentará a
intensidade do alongamento.

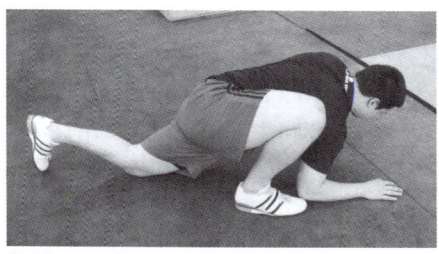

Spiderman lunge

Alongamento dos músculos posteriores da coxa

A maneira ideal de alongar os músculos posteriores da coxa é deitado em uma posição de supino que permita ao atleta manter o arqueamento natural da parte inferior da coluna e assegure que o movimento está de fato acontecendo nos quadris em vez de na lombar. Deitado sobre as costas, idealmente com uma toalha fina enrolada ou algo similar sob a parte inferior das costas para sustentar o arqueamento, o atleta passará uma faixa de alongamento em volta do pé e puxará a perna para trás, mantendo a outra perna reta e apoiada sobre chão para evitar que os quadris rolem para trás.

O atleta deve contrair os quadríceps durante o alongamento tanto para manter o joelho direito quanto para

Alongamento de isquiotibiais deitado

encorajar os músculos posteriores da coxa a relaxar. Esse alongamento pode ser mudado para afetar os músculos posteriores da coxa de forma diferente, conforme a necessidade, ao puxar a perna um pouco para dentro ou para fora em vez de direto para trás. Também pode ser feito com um joelho dobrado. Esse é um alongamento perfeito para ser usado com o método contração-relaxamento do FNP.

Posição de Rack (apoio) do arremesso

Os alongamentos a seguir podem ser usados para abordar as limitações de flexibilidade para a posição de rack (apoio) do arremesso. Eles ajudarão o atleta a colocar a barra de forma apropriada nos ombros, com as mãos abertas e os cotovelos para cima para o primeiro tempo do arremesso e com a barra nas palmas e os cotovelos para baixo e para fora para o segundo tempo. Note que a primeira coisa que qualquer atleta que tem dificuldade para alcançar posições deve fazer é experimentá-la com diferentes larguras de pegadas. Com frequência, uma mudança menor na largura (normalmente mudando para uma mais ampla) irá compensar a flexibilidade ou as limitações relacionadas à proporção de forma dramática. Alguns dos alongamentos na categoria da posição sobre a cabeça também ajudarão com as posições de rack.

Alongamento dos músculos flexores dos pulsos

Antes de fazer quaisquer alongamentos dos pulsos, é uma boa ideia aliviar a articulação chacoalhando as mãos e puxando a mão na direção diretamente contrária ao antebraço para ter alguma tração.

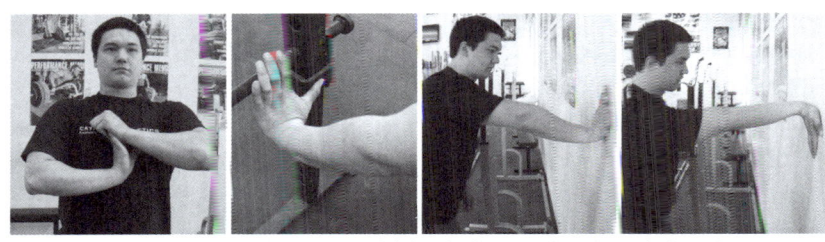

Da esquerda para a direita: alongamento básico de flexores de pulso e dedos; alongamento de pulso com dedão; alongamento de pulso na parede com dedos para cima e para baixo

O alongamento mais básico dos flexores dos pulsos e dedos pode ser feito simplesmente usando uma mão para puxar a outra na frente do corpo. A mão também pode ser pressionada contra uma parede, o chão ou uma gaiola funcional (power rack) para permitir que o alongamento seja feito com o cotovelo reto. Mudar a orientação da mão (por exemplo dedos para cima, para baixo ou para os lados) mudará um pouco o alongamento.

Para alongar os pulsos e incluir o dedão, os dedos podem ser pressionados contra o pino de segurança da gaiola funcional (power rack) com o dedão contra o suporte vertical.

Rack Elevators (Alongamento para movimentos do arremesso)

Os músculos usados em ambos os tempos do arremesso podem ser alongados usando os "Rack Elevators." Coloque uma barra com carga na posição de rack do agachamento, agachado parcialmente com os pés sob a barra e o posicionamento de mãos apropriado para a posição de rack que você irá alongar, levante-se usando as pernas para empurrar os ombros para cima em direção à barra enquanto mantém a posição apropriada de mãos e braços. Para o rack do primeiro tempo do arremesso, um parceiro pode também empurrar os cotovelos para cima para o atleta quando ele estiver nessa posição.

Imagens à esquerda: elevação de sustentação do primeiro tempo do arremesso começo e final; Imagens à direita: elevação de sustentação do segundo tempo do arremesso começo e final

Protração escapular

A habilidade de protrair as escápulas consideravelmente é necessária para atingir ambas as posições de rack (apoio). Um alongamento simples é ficar em pé em frente a uma gaiola funcional (power rack), segurando o suporte vertical com um braço e inclinando o corpo para trás, para longe da gaiola, mantendo o peito firme e para frente. O atleta precisa manter a extensão da parte superior da coluna em vez de permitir o arqueamento para frente, como seria natural.

Protração escapular

Alongamento de posição de rack (apoio) de Burgener

Este alongamento foi criado por Mike Burgener. Com uma pegada do primeiro tempo do arremesso na barra, o atleta colocará a barra atrás do pescoço, como faria no agachamento livre com barra, e então a levantará com os cotovelos para cima e para a frente o máximo possível. Isso pode ser feito tanto com uma pegada aberta ou fechada. A pegada pode ser mais aberta para mover mais do alongamento para a área escapular, o que ajudará mais a posição de rack do segundo tempo do arremesso. Os ombros devem estar levemente elevados e empurrados para frente o máximo possível em ambas as variações do alongamento.

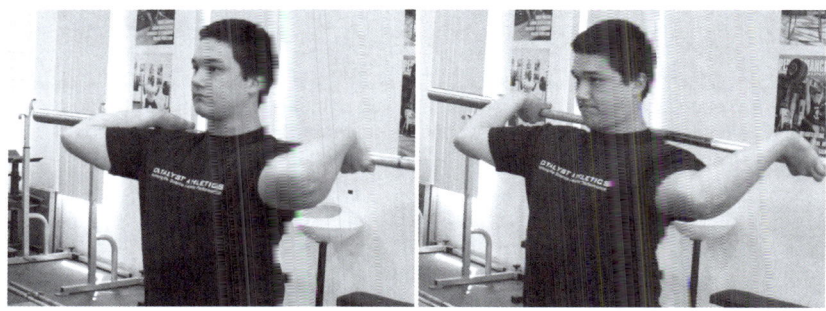

Alongamento de sustentação de Burgener regular e pegada larga

Posição acima da cabeça do arranque e do segundo tempo do arremesso

A série de alongamentos a seguir abordará a flexibilidade para as posições acima da cabeça do arranque e do segundo tempo do arremesso. Deve se ter em mente que, no arranque, uma flexibilidade ruim dos quadris e especialmente dos tornozelos ou imobilidade da coluna podem se tornar limitadores para a mobilidade dos ombros porque o atleta está tentando trazer os braços à posição enquanto está em uma base imprópria e que, por consequência, demanda uma amplitude excessiva do movimento dos ombros.

Foam rolling (rolo de liberação miofascial) da a coluna torácica

Garantir a mobilidade apropriada da coluna é crítico para aumentar a amplitude do movimento sobre a cabeça. Alongar a parte superior da coluna em um rolo de liberação miofascial deveria ser parte do aquecimento de todo atleta, especialmente aqueles com limitação no movimento sobre a cabeça. Com o rolo perpendicular à coluna, o atleta deitará de costas e rolará para cima e para baixo com a coluna, tentando relaxar as costas sobre a curvatura do rolo. Inicialmente o atleta pode dobrar os braços sobre o peito de forma relaxada, mas o exercício também pode ser feito com os braços sobre a cabeça. O atleta também pode simplesmente deitar no rolo e permitir que a coluna se assente em volta dele, movendo as costas a cada dez a trinta segundos.

Coluna no rolo de espuma (começo e fim)

Alongamento da cintura escapular no batente

Este é um alongamento simples e muito eficiente para a cintura escapular. O atleta posicionará o braço na vertical contra um batente ou o suporte vertical de uma gaiola funcional (power rack). O cotovelo deve estar dobrado e mais alto que o ombro; a altura pode ser ajustada para mudar a direção do alongamento um pouco. O atleta inclinará e empurrará o peito para a frente.

Alongamento da cintura escapular no batente

Pendurado na barra

Esta é uma modificação do exercício básico de barra para melhorar o alongamento. O atleta pegará em uma barra fixa com as mãos para fora da largura dos ombros (normalmente a largura aproximada do primeiro tempo do arremesso) e ficará pendurado na barra com os dedos do pé tocando o chão vários centímetros para trás da barra. Um box piramidal ou algo similar poderá ser usado para os dedos se for necessário para dar altura. Isso permitirá ao atleta sustentar a maior parte do peso corporal. mas o conta-

Apoiando na barra fixa

to dos dedos permitirá um pouco mais de relaxamento, geralmente permitindo uma respiração mais fácil, e colocar os pés para trás da barra ajudará a abrir os ombros mais do que uma suspensão diretamente na vertical.

Alongamento das axilas no batente

Este alongamento abordará os músculos que ligam a parte de baixo do antebraço e ajudam os ombros a se abrirem mais. Com o cotovelo dobrado, o atleta colocará a parte de baixo do antebraço próximo ao cotovelo contra um batente ou o suporte vertical de uma gaiola funcional (power rack) com o corpo firme virado para a porta ou para a gaiola. Inclinará para a frente para trazer o cotovelo para trás, sobre os ombros, não permitindo que ele se mova para o lado de forma significativa. A mão livre pode ser usada

Alongamento das axilas no batente

para empurrar o antebraço um pouco, para manter o braço alongado com a firmeza apropriada.

"*Olympic Weightlifting for Sports* do treinador Everett é produto extraordinário para a biblioteca de técnicos de qualquer esporte. Como um defensor do primeiro tempo do arremesso em pé e suas variações para o treino de performance, eu considero esse livro uma excelente referência de metodologia de ensino para os movimentos olímpicos. O treinador Everett oferece uma terminologia amigável para as explicações dos movimentos. Esse é um livro obrigatório para qualquer técnico que queira implementar os levantamentos olímpicos em seus programas."
- Joe Kenn, técnico de fortalecimento e condicionamento dos Carolina Panthers

"Técnicos, abram espaço nas suas prateleiras para o *Olympic Weightlifting for Sports* de Greg Everett. Direto, bem escrito, bem organizado e repleto de informações e fotos para ajudar a tornar cada ponto compreensível. Isso o ajudará a se tornar um técnico melhor e a melhorar o potencial de sucesso dos seus atletas. Eu estou animado por Greg e ansioso para pôr essas informações em uso!"
- Jim Malone, técnico de fortalecimento e condicionamento dos San Diego Padres

"Esse é, de longe, o livro mais detalhado e completo sobre técnica de levantamento de peso. Greg Everett fez um trabalho excelente apresentando e organizando o material desse livro. As fotos são ótimas. Eu recomendo que qualquer técnico de fortalecimento ou de performance esportiva tenha esse livro se está ensinando agachamento completo, arranque e puxadas de primeiro tempo de arremesso e levantamentos de estilo olímpico. É um dinheiro bem gasto."
- Ethan Reeve, coordenador de fortalecimento e condicionamento, Universidade Wake Forest

"Esse livro é uma grande aquisição para a biblioteca de qualquer técnico de fortalecimento e condicionamento. Ele dá uma instrução bem básica e descritiva que não complica o que um técnico de fortalecimento e condicionamento tem que ensinar e treinar no seu dia a dia no que se trata dos estilos de levantamento olímpico."
-Kevin Yoxall, técnico de fortalecimento e condicionamento, Universidade Auburn

"Everett mostra como utilizar os levantamentos olímpicos como uma ferramenta incrivelmente segura e eficaz para melhorar a velocidade e a qualidade do movimento em todos os campos do atletismo."
- Eva Twardokens, duas vezes ganhadora da medalha de bronze nas Olimpíadas e no campeonato mundial, campeã nacional seis vezes, nomeada em 2011 para o Hall da Fama de Sky e Snowboard dos EUA

"*Olympic Weightlifting for Sports* é outro livro excelente de Greg Everett que detalha tudo que você precisa saber sobre as especificidades do levantamento de peso olímpico. Eu realmente gosto da forma como Greg detalha as progressões para cada movimento. Sempre acreditei em manter as coisas simples e específicas tanto para técnicos quanto para atletas. Esse é um livro obrigatório para qualquer treinador para entender todos os aspectos dos levantamentos olímpicos. Todos os atletas precisam entender porque estão treinando de uma certa forma. Esse livro cobre isso explicitamente para o levantamento olímpico."
-*Jeff Dillman, diretor de fortalecimento e condicionamento, Universidade da Flórida*

"*Olympic Weightlifting for Sports* é um excelente recurso para técnicos e atletas de todas as modalidades esportivas. Ele oferece progressões detalhadas e dicas de treinamento eficazes tanto para ensinar quanto para aprender os levantamentos olímpicos, tendo em mente a utilização em um esporte. Uma grande aquisição para a biblioteca de qualquer indivíduo procurando melhorar os levantamentos olímpicos em seus programas."
-*Jim McCarthy, do time de patinadores olímpicos da Holanda*

"Greg Everett é minha fonte de referência quando se trata de levantamentos olímpicos. Seja para treinar, para desenvolver programas ou até para abordar fatores de limitação comuns como flexibilidade, *Olympic Weightlifting for Sports* não deixa nada para trás. Quer você seja um técnico jovem aprendendo a profissão ou um veterano escolado, esse livro é um recurso incrível. Bem simples, se a sua meta é ensinar atletas como executar os levantamentos olímpicos com segurança e eficiência, esse livro precisa estar na sua biblioteca."
-*Mike Robertson, Presidente da Robertson Training Systems e coproprietário do Indianapolis Fitness e Sports Training*

"*Olympic Weightlifting for Sports* é um recurso tremendo para técnicos de fortalecimento de todos os níveis. Greg Everett cobre todas as bases necessárias para o desenvolvimento de um programa de fortalecimento eficiente com a incorporação dos levantamentos olímpicos. Técnicos iniciantes e intermediários serão capazes de examinar algumas ideias e pensamentos frescos em tópicos familiares de treinamento. Todos os técnicos e levantadores envolvidos em qualquer forma de treinamento de fortalecimento deveram ter esse livro em suas bibliotecas."
-*Matt Foreman, Autor de Bones of Iron*

Sobre o Livro

Formato: 15,2 × 22,8 cm
Mancha: 10,7 × 19,0 cm
Papel: Offset 90g
nº páginas: 128
1ª edição: 2015

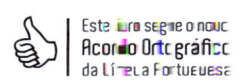

Este livro segue o novo
Acordo Ortográfico
da Língua Portuguesa

Equipe de Realização
Assistência editorial
Liris Tribuzzi

Assessoria editorial
Maria Apparecida F. M. Bussolotti

Edição de texto
Gerson da Silva (Supervisão de revisão)
Balão Editorial (Preparação do original, copidesque e revisão)

Editoração eletrônica
Balão Editorial (Diagramação)

Imagens
Fotógrafo: Greg Everet (Foto de capa e miolo)
Steve Pan (Modelo)

Impressão
Pifferprint